BIBLIOTHÈQUE DU VIEUX PARIS

FERNAND MITTON

Les Femmes et l'Adultère

de l'Antiquité à nos Jours

PEINES — CHATIMENTS
MARIS COMPLAISANTS — MARIS JALOUX
ANECDOTES — SITUATIONS PLAISANTES

L'Adultère chez les Grecs et les Romains. — L'Adultère et la Justice française. — Adultères royaux. — Le Cocuage à la Cour et à la Ville. — Peines publiques. — Peines privées. — Vieilles Provinces. — Vieilles Coutumes. — L'Adultère à travers les Ages.

D'après des Mémoires du temps, des Archives, des Notes de Police, les Coutumes locales.

OUVRAGE ORNÉ DE 2 PLANCHES GRAVÉES

PARIS (IXe)
H. DARAGON, LIBRAIRE-ÉDITEUR
96-98, Rue Blanche, 96-98

MDCCCCXI

Les Femmes et l'Adultère

DE L'ANTIQUITÉ A NOS JOURS

DU MÊME AUTEUR

Tortures et Supplices à travers les âges, 1 vol. (2e mille)............................ 4 fr.

Tortures et Supplices en France, 1 vol. (2e mille) 5 fr.

Les Dessous féminins et leurs transformations, 1 brochure, nombreuses illustrations, tirage limité.................................. 2 fr.

Les Châteaux galants du Bois de Boulogne (*en collaboration avec le comte F. de l'Eglise*), 1 vol., tirage limité avec de nombreuses illustrations (sous presse)................ 15 fr.

EN PRÉPARATION :

Les Cruautés de l'Inquisition, 1 vol......... 4 fr.

Bourreaux et Exécuteurs d'hier et d'aujourd'hui, 1 vol............................ 5 fr.

LE COCU ASTROLOGUE

Plaisant Chasseur, tu Cours et te Démènes
A la Chasse aux Cocus ; tu n'as pas de Raison
de prendre tant de Peines,
Sous ton Plumet, un Niche en ta Maison ;
Vas exercer sur luy ton Arbaleste.
Jusqu'à la Lune Élevant mes Esprits
J'ay lû ton Sort, et tant j'en Fût Surpris,
Les Cornes, comme on dit, m'en Vinrent à la Tête.

A Paris chez Simon

BIBLIOTHÉQUE DU VIEUX PARIS

Fernand MITTON

Les Femmes et l'Adultère

DE L'ANTIQUITÉ A NOS JOURS

Peines - Châtiments - Maris Complaisants
Maris Jaloux - Anecdotes - Situations Plaisantes

L'Adultère chez les Grecs et les Romains — L'Adultère et la Justice française — Adultères royaux — Le Cocuage à la Cour et à la Ville — Peines publiques, Peines privées — Vieilles provinces, Vieilles coutumes — L'Adultère à travers les peuples.

Ouvrage orné de deux planches hors-texte gravées

PARIS (IXe)
H. DARAGON, Éditeur
96-98, Rue Blanche, 96-98

MDCCCCX

Il a été tiré de cet Ouvrage 999 exemplaires numérotés et signés.

989 exemplaires sur Alfa vergé (11 à 999).
10 exemplaires sur Japon impérial (1 à 10).
Avec une triple suite des gravures avant et après la lettre.

N° 

S'adresser pour traiter à la Librairie HENRI DARAGON, 96-98, rue Blanche, à Paris.

PRÉFACE

PRÉFACE

Il est question d'abroger les articles de notre Code pénal relatifs à l'adultère. Dès lors ne devenait-il pas intéressant de rechercher quels pouvaient être les châtiments appliqués, dès les premiers siècles, aux personnes qui tombaient dans ce crime ? C'est ce que nous avons pensé.

De tout temps et chez tous les peuples du globe, l'adultère a été réprimé. Les peines furent cruelles ou légères et, si l'on jette un coup d'œil en arrière, on est frappé par leur diversité. Les Grecs et les Romains avaient édicté contre les coupables des pénalités excessives, voire même la mort. En France, on sévissait également contre les deux amants. Parfois, notamment dans nos anciennes provinces, on les soumettait à une peine infamante et ridicule. Si le crime se trouvait aggravé par le rapt ou le vol, c'était la peine capitale qui frappait les deux complices. Quelquefois, les maris se rendaient justice eux-mêmes et inventaient mille moyens pour se venger de leurs infidèles moitiés. Certains peuples sauvages se montraient féroces et barbares et procédaient à des justices sommaires; mais, à côté d'eux, quelques civilisations, plus pratiques, n'infligeaient aux coupables qu'une amende qui profitait au mari.

Nos rois, nos reines n'ont pas échappé à la contagion. Nos grandes dames de la Cour et de la Ville ont suivi leur exemple. Ce sont ces peines, ces vieilles coutumes, ces liaisons équivoques, ces passades, ces scènes libertines que l'on trouvera exposées au cours de notre ouvrage. Çà et là, nous avons glissé des anecdotes galantes, des situations plaisantes sur les célèbres amoureuses d'antan, sur leurs maris complaisants ou jaloux.

Nous avons puisé nos renseignements aux meilleures sources. Nous avons fouillé aussi loin qu'il nous a été possible. S'il se trouve parfois quelques mots un peu lestes, que le lecteur ne nous en garde pas rancune. Qu'il s'en prenne plutôt aux textes historiques qui ont servi à notre documentation.

Fernand **MITTON.**

Paris, 26 juin 1910.

LES FEMMES ET L'ADULTÈRE

CHAPITRE Ier

L'ADULTÈRE CHEZ LES GRECS ET LES ROMAINS

DÉFINITION. — LE « PRÊT » DE L'ÉPOUSE A LACÉDÉMONE. — L'EXTIRPATION DES CHEVEUX ET LA MISE A MORT DE LA FEMME ATHÉNIENNE. — L' « EMPALEMENT » DE SON COMPLICE. — SOURCE DE PROFITS POUR LE MARI. — LE TRIBUNAL DOMESTIQUE A ROME. — CATON ET LA COMMUNAUTÉ DES FEMMES. — L'AMENDE ET LA RÉPUDIATION. — LA PROSTITUTION OBLIGATOIRE ET LE SUPPLICE DE L'ANE. — AMANTS BATTUS ET « CASTRÉS ». — FANTAISIES LUBRIQUES DES MARIS. — LE « BAISER MASCULIN » ET L' « IRRUMATION ». — LE RAIFORT ET LE MULET. — SCRIBONIA ET JULIE, ÉPOUSE ET FILLE D'AUGUSTE. — LA LOI JULIA. — CLAUDE ET MESSALINE. — NÉRON ET SA FEMME OCTAVIE. — LES PAILLARDISES DE DOMITIA LONGINA. — AURÉLIEN ET L'ÉCARTÈLEMENT DE L'AMANT. — ÉPOUSES PENSIONNAIRES DE LUPANARS. — LA « METANEA » DE JUSTINIEN. — MŒURS ITALIENNES CONTEMPORAINES.

Qu'est-ce que l'adultère? « C'est l'œuvre de chair sciemment et volontairement accomplie entre une personne mariée et une personne autre que son conjoint. » (1) D'après Fournel (2), « l'adultère est une des trois espèces de délit dont les personnes de différent sexe peuvent se rendre coupables par fréquentation illégitime. » Les deux autres espèces sont la stupre et la fornication.

L'*adultère* se commet avec une femme mariée, la *stupre* avec une femme libre, la *fornication* avec une femme publique. Dans le premier cas, la femme appartient à un seul ce qui fait de l'adultère une sorte de

(1) Bouché (A.-W.). *Etude sur l'adultère au point de vue pénal.* Paris, 1893, in-8.

(2) Fournel. *Traité de l'adultère*, Paris, 1778, in-12.

larcin ; dans le deuxième, elle n'appartient à personne ; dans le troisième, elle appartient à tout le monde.

De son coté, de Ferrière (1) définit ainsi l'adultère : « L'adultère est simple ou double. On entend par adultère simple, la conjonction illicite qu'a une personne mariée avec une qui ne l'est pas. Par adultère double l'on entend la conjonction illicite qu'a une personne mariée avec une autre aussi mariée ».

Les canonistes distinguent trois sortes d'adultère : Celui qui se commet : 1° entre un homme marié et une femme libre, 2° avec une femme mariée et un homme libre, 3° entre deux personnes toutes deux mariées.

L'adultère peut donc se définir : la familiarité charnelle de deux personnes de différent sexe dont l'une est mariée (2). Ce point est essentiel car le mariage seul peut justifier le crime de l'adultère. Encore faut-il que l'union ait été contractée dans les formes prescrites par les ordonnances où lois en vigueur. Dans le cas contraire, le délit rentrerait dans la catégorie de ceux connus sous les noms de stupre et de fornication.

Ce crime a cela de particulier qu'il ne peut être l'œuvre d'une seule personne et qu'il implique nécessairement un complice. Ainsi, on ne saurait regarder comme un adultère les manœuvres criminelles qu'une femme se permettrait sur elle-même. Il en serait de même pour les privautés obscènes d'un homme sur une femme mariée.

Pour constituer le crime d'adultère, il faut donc trois éléments essentiels : 1° l'œuvre de chair, 2° le mariage de l'un des acteurs, 3° une intention coupable.

L'adultère commis par une femme passe pour un crime plus grand que celui dont un mari se rend coupable (3). On en attribue la raison à ce fait que l'adultère de la femme permet de douter de la paternité de

(1) DE FERRIÈRE. *Dictionnaire de droit et de pratique.* Paris, 1771, in-4, T. I., p. 58.

(2) FOURNEL. *Traité de l'adultère.* Ouvr. cité.

(3) DE FERRIÈRE. *Dictionnaire de droit*, etc., ouvr. cité. T. I. p. 54.

ses enfants et par suite les légitimes héritiers voient souvent une partie de leurs biens leur échapper. En outre, l'impudicité de l'épouse semble entacher l'honneur du mari. C'est pourquoi les lois ont puni plus sévèrement ce crime dans les femmes que dans les hommes (1). Toufefois, le mari n'est pas plus maître de son corps que la femme l'est du sien.

Les Lacédémoniens, si l'on en croit Plutarque, ignorèrent l'adultère pendant près de cinq siècles. Les lois de Lycurgue autorisaient la communauté des femmes et permettaient à une épouse de s'abandonner à son amant avec la permission du mari. C'est ainsi que pratiqua Timée, femme d'Agis, roi de Sparte, en faveur d'Alcibiade (2). C'était à Lacédémone chose assez fréquente que de voir un ami solliciter le mari de lui prêter sa femme pour un certain temps. La proposition était quelquefois faite spontanément par le mari. D'après Plutarque (3) « n'était-il par reprochable à un homme qui se trouvait sur l'âge et ayant une jeune femme, s'il voyait quelque beau jeune homme qui lui agréât et semblât de gentille nature, le mener coucher avec sa femme, pour la faire emplir de bonne semence et puis avouer le fruit qui en naissait comme s'il eût été engendré par lui-même. »

« Aussi était-il loisible à un honnête homme qui aimât la femme d'un autre pour la voir sage et pudique et portant beaux enfants, de prier son mari de le laisser coucher avec elle, pour y semer, comme en terre grasse et fertile, de beaux et bons enfants, qui, par ce moyen, venaient à avoir communication de sang et de parentelle avec gens de bien et d'honneur. »

Peu à peu les mœurs se modifièrent et les Spartiates ou Lacédémoniens punirent plus tard l'adultère

(1) DE FERRIÈRE. *Dictionnaire de droit*, etc., ouvr. cité. T. I, p, 54.

(2) GAYOT DE PITAVAL. *Causes célèbres et intéressantes avec les jugements qui les ont décidées.* 22 volumes in-12, La Haye et Amsterdam, 1740-1764, T. III, p. 190.

(3) *Vie de Lycurgue*, traduction d'Amyot.

comme le parricide, c'est-à-dire de la peine capitale (1) Les Spartiates eurent, par la suite, une telle horreur de ce crime qu'ils le rangèrent au nombre des malheurs qui pouvaient affliger une famille (2). Suivant Suidas, quand ils avaient épuisé toutes leurs imprécations contre un ennemi, ils terminaient en lui souhaitant que sa femme devint adultère.

A Athènes, on pouvait impunément injurier et maltraiter la femme adultère (3). Solon croyait que la plus grande peine qu'on pût ordonner contre elle était la honte publique (4). La loi athénienne, dit Plutarque, permettait au mari de tuer sa femme coupable et au père d'immoler ou de vendre en servitude sa fille déshonorée. Le mari qui tuait les deux coupables était généralement absous (5). L'époux qui, témoin de son infortune, faisait grâce de la vie à la coupable ne pouvait plus habiter avec elle sous peine d'ignominie. De son côté la femme ne pouvait plus pénétrer dans les temples publics à moins de subir aussitôt toutes sortes de mauvais traitements, la mort exceptée (6). Le mari qui ne tuait pas le complice avait la faculté de l'abandonner à ses esclaves qui, généralement, en guise de pal, lui fouraient un gros radis noir dans le derrière; puis, après l'avoir épilé tout autour, ils jetaient des cendres brûlantes sur cette partie vierge de poils. Parfois aussi l'amant était castré (7), c'est-à-dire amputé des organes nécessaires à la génération.

Selon Aristophane, on arrachait tous les cheveux

(1) JOUSSE. *Traité de la justice criminelle de France.* 4 vol. in-4, Paris, 1771, T. III, p. 213. — Chevalier AMORINI. *De l'adultère chez tous les peuples*, Paris, 1863, in-12.

(2) FOURNEL. *Traité de l'adultère*, ouvr. cité.

(3) Chevalier AMORINI. *De l'adultère chez tous les peuples*, ouvr. cité.

(4) GAYOT DE PITAVAL. *Causes célèbres et intéressantes*, etc. op. citée, T. III., p. 283.

(5) Chevalier AMORINI, op. citée.

(6) BAGNEUX DE VILLENEUVE. *Le Baiser en Grèce.* Paris, 1906, in-8, p. 26. (H. Daragon, édit.)

(7) BAGNEUX DE VILLENEUVE, idem, p. 26.

de l'épouse adultère et l'on répandait aussitôt de la cendre chaude sur sa peau dans le but d'aviver la douleur. Les Athéniens punirent même ce crime de mort (1). Ils empalaient les deux complices au moyen d'une perche au bout de laquelle se trouvait fixée une pointe d'acier (2).

Dans d'autres contrées de la Grèce, on arrachait non seulement jusqu'à la racine des cheveux des coupables, mais encore les poils de toutes les parties du corps. On les exposait ensuite à la vue du public. Cette peine portait le nom de *paratisme* (3). Il existait encore une coutume très curieuse : Le mari trompé liait l'amant jusqu'à ce que celui-ci lui eût versé une forte amende, à défaut de laquelle il avait la faculté d'exercer sa vengeance (4).

Certains maris se montraient plus conciliants et préféraient, comme le bossu Poliagre, réclamer à l'amant une somme d'argent en retour des baisers de la femme (5).

Chez les Romains, les peines de l'adultère reçurent diverses modifications au cours de quatre époques qu'il y a lieu de distinguer ainsi :

1° Depuis la fondation de Rome par Romulus jusqu'à César (753 av. J.-Ch. à 44 av. J.-C.)

2° Depuis l'avènement d'Auguste jusqu'à Constantin (31 av. J.-Ch. à 306 ap. J.-Ch.)

3° De Constantin à Justinien Ier (306 ap. J.-Ch. à 527).

4° Depuis Justinien Ier jusqu'à la destruction de l'empire Romain (527 à 1453 ap. J.-Ch.)

Anciennement à Rome il n'y avait point d'accusation publique pour adultère (6).

(1) GAYOT DE PITAVAL, op. citée, T. III, p. 285.

(2) BERNARD AUTOMNE. *La conférence du droict françois avec le droict romain*, Paris, 1644, 2 vol. in-fol.

(3) Chevalier AMORINI, op. citée.

(4) DECLAREUIL (J.). *La Justice dans les coutumes primitives.* Paris, 1889, in-8.

(5) BAGNEUX DE VILLENEUVE. *Le Baiser en Grèce*, ouv. cité, p. 27.

(6) DE FERRIÈRE. *Dictionnaire de droit*, etc., ouv. cité, T. I., p. 54.

Romulus n'avait institué aucune peine; mais il avait laissé le sort de la femme coupable entre les mains du mari. Celui-ci, réunissait alors un tribunal domestique composé de parents et d'amis, qui avait toute liberté pour prononcer la condamnation qu'il jugeait convenable. La peine du bannissement était d'ordinaire infligée à la femme par ces juges improvisés (1). Le mari exerçait un droit de justice sans appel. Aucune autorité n'avait le pouvoir de modifier ses arrêts. Il était le chef suprême dans sa famille (2). Cet usage se maintint encore après l'expulsion des rois.

Néanmoins, certains citoyens romains n'y regardaient pas de si près et pratiquaient, comme les Grecs, la communauté des femmes. On n'en peut douter par l'exemple laissé par le Caton le Censeur. Sur l'agrément de son beau-père Philippe, il céda son épouse à Hortensius pour qu'il en eut quelques enfants d'autant plus que Caton en avait suffisamment. Les historiens assurent que Caton reprit sa femme après la mort d'Hortensius.

A l'époque des rois, une répression fort rigoureuse était exercée contre l'épouse adultère. Il y avait alors deux classes de citoyens : les patriciens et les plébéiens. Les premiers habitaient le plateau du Palatin. Les seconds résidaient en dehors de l'enceinte de la ville, dans un quartier appelé « l'Asyle », sorte d'enclos situé sur la pente du mont Capitolin. Ils demeuraient étrangers à l'organisation de la cité et de la famille. Plus tard, les nouveaux plébéiens s'établirent sur l'Aventin au delà du « promœrium » et de la ville religieuse (3).

Les *patriciens* ne connurent tout d'abord que deux peines : l'*amende* (multa) et la *mort* (pœna capitalis). Puis, ils en ajoutèrent une troisième : la *répudiation*. Ces trois peines étaient prononcées soit par le mari seul, soit assisté du tribunal domestique.

(1) Fournel. *Traité de l'adultère*, ouv. cité.

(2) Fustel de Coulanges. *La Cité antique*, Paris, 1881, in-16.

(3) Dervilers (Placide). *Des peines de l'adultère en droit romain avant, sous et après la loi Julia*. Paris, 1893, in-8.

L'amende consistait en un paiement en argent ou en nature L'amende la plus élevée (multa suprœma) nécessitait le versement de trente bœufs et de deux brebis. Pour éviter l'inégalité de la peine et empêcher qu'on se procurât du bétail d'une valeur tantôt moindre tantôt plus élevée, la loi « Aternia » fixa à dix as le prix de chaque brebis et à cent celui de chaque bœuf(1)

La répudiation était le renvoi pure et simple de la femme par son mari.

En ce qui concerne la peine de mort, il y avait lieu de considérer si le mari avait surpris ou non sa femme en flagrant délit. Dans le premier cas, le mari pouvait tuer la coupable; dans le second cas, le mari s'apercevant ou apprenant que sa femme le trompait convoquait le tribunal domestique pour lui demander de prononcer une peine sévère : la mort de préférence. Ce singulier tribunal restait seul juge de la nature des peines et de leur exécution (2).

Les *plébéiens*, vivant en marge de la loi et de la famille et étant par conséquent moins civilisés que les patriciens, réprimaient l'adultère d'une façon plus rigide, plus sauvage. Les peines qu'ils appliquaient étaient plutôt l'œuvre de la coutume que celle du législateur qui se désintéressait de leur sort. C'est ainsi que l'on retrouve les traces de l'antique punition par la prostitution. En effet, la femme plébéienne surprise en flagrant délit était conduite dans certains lieux spéciaux, très éloignés de la ville, et soumise aux outrages de nombreux athlètes qui en jouissaient à tour de rôle (3). On conserva ainsi, en l'atténuant, le *supplice de l'âne* infligé à une époque très reculée à Cumes, ville ancienne de la Campanie (4)où la femme

(1) DERVILERS (Placide). *Des peines de l'adultère* etc., ouv. cité.

(2) DERVILERS (Placide), vol., cité.

(3) DERVILERS (Placide). *Des peines de l'adultère* etc., ouv. cité.

(4) La Campanie était une ancienne province de l'Italie méridionale. Elle avait pour capitale la célèbre Capoue, ville de 13,000 habitants, où Annibal prit ses quartiers d'hiver après la bataille de Cannes. Située sur le Vulturne, affluent de la

coupable était dépouillée de ses vêtements et menée au « forum ». Là, on la plaçait à califourchon sur un âne et on la promenait par tous les carrefours de la ville. Elle était ensuite mise sur une pierre et exposée sur la place publique aux yeux et aux injures de la foule. La pierre était, dès lors, polluée et maudite (1) et la femme frappée d'ignominie et appelée *onobatis*, « qui a monté l'âne ». A Rome, sous, les rois, la peine était à peu près analogue chez la plèbe avec cette différence que le premier être humain venu remplaçait l'âne. Mais, cette répression tomba en désuétude le jour où se produisit la fusion des patriciens et des plébéiens.

Cependant, les mœurs primitives des Romains perdirent peu à peu de leur pureté sous l'influence de causes multiples. Après la destruction de Carthage, la corruption ayant gagné de plus en plus les mœurs publiques, l'adultère devint si fréquent que les maris négligèrent le plus souvent d'en tirer vengeance. Ce crime devint effréné, immodéré, grâce à la profusion des richesses, à l'amour du luxe qui se répandit dans la société, notamment chez les femmes. Ainsi, Larga avait tant d'amants que sa fille, en même temps sa confidente, n'aurait pu les énumérer tous sans reprendre haleine trente fois (2).

La dissolution chez les hommes ne le cédait non plus en rien à celle des femmes. Les citoyens les plus illustres furent gagnés par l'amour des débauches.

Le mari continuait bien à exercer son pouvoir avec l'aide du tribunal familial; mais on en comprit bientôt l'insuffisance et l'intervention de l'Etat devint nécessaire pour réprimer l'adultère.

Le mari trompé eut sur son épouse infidèle le *jus occidendi*, c'est-à-dire le droit de lui infliger la peine

Méditerranée, elle offrait le séjour le plus agréable de toute l'Italie. C'était un lieu de jouissances et de plaisirs. Toutes les langues modernes ont chanté « les délices de Capoue ».

(1) SIMON D'OLIVE. *Questions notables de droit.* Toulouse, in-4.

(2) BAGNEUX DE VILLENEUVE. *Le Baiser* : *L'Orgie Romaine.* Paris, 1908, in-8, p. 28. (H. Daragon, édit.)

de mort. Il pouvait également immoler le complice s'il le surprenait en flagrant délit (1). Toutefois, à côté de cette vengeance légale, il y eût des peines corporelles privées telles que la *bastonnade* et la *castration* (2). D'après Valère Maxime, Sempromius Musca fit battre de verges C. Gallius qu'il avait surpris dans l'enlacement du baiser; L. Octavius pris également en flagrant délit fut assommé par C. Memmius à coups de nerf de bœuf; quelques-uns subirent la castration, comme Carbo Accienus de Vibienus, Pontius de P. Cernius.

Les époux outragés avaient encore imaginé d'autres moyens pour se faire justice. C'est ainsi que Ch. Furius Brocchus fut contraint par le mari de se prêter aux fantaisies lubriques des esclaves. Une autre fois, si l'on en croit Lucilius, un homme pour punir sa femme d'avoir prêté son corps, s'empara d'un tesson de bouteille et se coupa d'un seul coup « la verge et les testicules » (3).

Parfois, tout en satisfaisant leur vengeance, ils donnaient libre cours à leur lubricité. Lorsque l'amant était un jeune garçon, l'infortuné mari le « pédiquait », en d'autres termes pratiquait sur lui « le baiser masculin ». Ainsi le boulanger d'Apulée ayant trouvé sa femme en commerce d'amour avec un joli garçon adressa à ce dernier ces paroles conciliantes : « Je ne veux pas d'une séparation, mais d'une communauté de biens, de façon qu'il n'y ait qu'un lit pour nous trois. » Conduisant ensuite le garçon dans sa chambre à coucher, il le mit au lit, se coucha à ses côtés et lava dans les spasmes de la volupté les souillures faites à son honneur (4).

Par contre, si c'était un homme d'âge mûr, le mari « l'irrumait », c'est-à-dire le contraignait à exercer ses

(1) DERVILLERS (Placide). *Des peines de l'adultère* etc., ouv. cité.

(2) Voir notre ouvrage *Tortures et supplices à travers les âges*, in-16, 1909, 2e mille, 4 fr. (H. Daragon, édit.)

(3) BAGNEUX DE VILLENEUVE. *L'Orgie Romaine*, ouv. cité. p. 28.

(4) BAGNEUX DE VILLENEUVE. idem, p. 30.

lèvres sur l'engin dont il avait usurpé le domaine » (1). « Celui qui est irrumé ne peut parler, sa bouche étant obstruée par la mentule en travail, donc il se tait » (2). Martial conseilla à Gallus d'éviter de se faire prendre dans les filets d'une femme célèbre par ses adultères de crainte que le mari ne lui fasse subir l'irrumation. « Tu es tranquille pour tes fesses? Le mari n'est pas pédicon. Il ne fait que deux choses : il irrume ou il b..se. » (3). Ou bien encore le mari outragé, imitant les Grecs, enfonçait dans le fondement de l'amant d'âge rassis soit un raifort, soit un poisson, en l'espèce un mulet. « Certains adultères, dit Juvénal, se voient introduire un mulet. » « Surpris en adultère, en Arménie, écrit Lucien *Sur la mort de Pérégrinus*, il s'enfuit, le derrière bouché par un raifort. » « Les pieds liés, il aura la fente ouverte traversée d'un raifort ou d'un mulet. » (4).

Quand le mari ne tuait pas le complice ou n'exerçait pas sa vengeance d'une autre manière, il le conduisait devant le prêteur qui infligeait une forte amende au coupable et le rendait infâme, en un mot impropre de témoigner en justice. L'épouse qui avait eu la vie sauve comparaissait tantôt devant le peuple réuni en comices, tantôt devant les censeurs, tantôt devant le prêteur lesquels la condamnaient soit à l'amende ou à l'exil, soit à la note d'infamie, sorte de flétrissure morale (5).

Quelquefois, certains maris très philosophes, témoignaient au contraire d'une grande complaisance. Les uns savaient se retirer à temps pour ne pas gêner les amants de leurs femmes. Les autres, paraissaient se désintéresser de ce qui se passait autour d'eux,

(1) Bagneux de Villeneuve. *L'Orgie Romaine*, vol., cit.., p. 29.

(2) Forberg (F.-K.). *De Figuris Veneris* (*Des Formes du Baiser*). Seule traduction française conforme à l'édition de Cobourg de 1824. Paris, 1907, in-8, chap. III, note 22, 50 fr. (H. Daragon, édit.)

(3) Forberg. (F.-K.) idem, p. 135, note.

(4) Forberg (F.-K.). idem, p. 135, note.

(5) Dervilers (Placide). *Des peines de l'adultère* etc., ouv. cité, p. 53.

feignaient de ronfler sur les verres ou de compter les solives du plafond (1). C'était un moyen pratique de s'assurer des rentes.

Avec de semblables procédés, le nombre des adultères s'accrut dans de notables proportions. Ce crime devint chose commune et banale, malgré toutes les mesures prises sous la République pour enrayer le courant de corruption. Aucune catégorie de citoyen n'échappa au fléau qui atteignit même Scribonia, première femme d'Auguste, et sa fille unique, Julie, femme de Tibère. L'empereur, indigné de leurs déportements, dût sévir contre elles. Il répudia Scribonia pour sa paillardise et exila Julie dans l'île de Pandataria « pour avoir été une grande p...n qui lui faisait grande honte. » (2). Julie y mourut de faim et Auguste la priva de sépulture ainsi que sa mère Scribonia. Quant aux complices de Julie, rapporte Suétone, le souverain les fit mettre à mort.

Afin de restreindre le nombre d'adultères et obliger les maris à se montrer moins indulgents envers les écarts de conduite de leurs femmes, Auguste pensa qu'il était nécessaire d'établir une loi spéciale édictant des peines très sévères. Aussi en l'an 18 ou 17 avant Jésus-Christ, fit-il voter par le Sénat la loi *Julia de adulteriis* que les textes appellent aussi *Julia de pudicitiâ*. Cette loi fit de l'adultère un délit public et établit pour châtier les coupables tout un ensemble de peines principales et de pénalités complémentaires. Cependant, elle ne considéra pas ce crime comme capital (3). Une commission permanente (quœstio perpetua) présentant quelque analogie avec notre jury moderne avait mission de prononcer les jugements. Le rôle du tribunal domestique se trouvait de la sorte à peu près annihilé.

Les peines édictées contre la femme coupable con-

(1) BAGNEUX DE VILLENEUVE. *L'Orgie Romaine*, ouv. cité, p. 31.

(2) BRANTOME. *Vie des dames galantes*, Paris, 1841, in-18, Discours I, p. 17.

(3) DE FERRIÈRE. *Dictionnaire de droit et de pratique*, ouv. cité, T. I, p. 54.

sistaient dans la relégation, la confiscation du tiers de ses biens au profit du Trésor et la perte de la moitié de sa dot. Elle était, en outre contrainte de porter la « toga », tunique sans manches, spéciale aux hommes et aux courtisanes et ne pouvait revêtir la « stola », robe à longs plis tombant sur les talons, réservée aux matrones (matronæ, femmes respectables) (1). Enfin, l'épouse infidèle était frappée d'une incapacité complète de se remarier et obligée de vivre dans un célibat perpétuel. Personne, pas même son ex-mari, ne pouvait l'épouser à moins d'être déclaré « leno » et de subir les peines fixées par la loi Julia contre le « lenocinium » (2).

Le complice se voyait frappé de la relégation et de la confiscation de la moitié des biens. Si c'était un esclave, il était condamné à mort. Le complice était enfin puni de mort ou de la déportation s'il avait commis son crime avec violence (3). La relégation de la femme et du complice s'effectuait toujours dans des îles différentes. A la relégation déjà rigoureuse, venait s'ajouter une peine infâmante appelée à Rome « infamia » et correspondant de nos jours à la perte des droits civils.

Le mari qui surprenait le complice chez lui avait le droit de le mettre à mort. Cependant il ne pouvait exercer sa vengeance sur les « honesti » personnes d'une certaine condition ; mais seulement sur les « humiles » personnes viles telles que les esclaves, les affranchis, les gladiateurs, les athlètes de cirques.

Sous l'empire de la loi Julia, le mari n'avait plus le pouvoir de tuer sa femme infidèle, ni de lui infliger aucun autre châtiment. La répression appartenait seule à la commission permanente. Par contre, la loi Julia accordait au père de l'épouse le droit de l'immoler avec son complice, mais il ne pouvait en user que sous certaines conditions. Il fallait, en effet : 1°

(1) Dervilers (Placide). *Des peines de l'adultère*, ouv. cité, p. 105.

(2) Dervilers (Placide). *Des peines de l'adultère*, etc., ouv. cité, p. 106.

(3) Dervilers (Placide). idem.

que la fille soit en puissance paternelle; 2° qu'elle soit surprise en flagrant délit; 3° que le père tuât les deux coupables en même temps sans qu'il lui soit permis de frapper l'un et d'épargner l'autre; 4° que l'adultère soit commis dans la maison paternelle ou sous le toit conjugal; 5° que le père n'appartint pas à la catégorie des personnes viles et infâmes auxquelles l'accusation d'adultère était interdite (1). Lorsque toutes ces circonstances se trouvaient réunies aucune poursuite ne pouvait être exercée contre le père pour le meurtre des coupables quelle que soit la qualité du complice.

Les « fauteurs d'adultères », c'est-à-dire ceux qui prêtaient leur maison sachant qu'un adultère devait s'y commettre étaient passibles des peines de ce crime (2).

Les adultères commis avec des esclaves mariées ou avec des femmes déshonnêtes (inhonestœ) ne tombaient pas sous le coup de la loi Julia. Par femmes déshonnêtes, on comprenait à Rome les danseuses et chanteuses de théâtre, les courtisanes et prostituées s'adonnant à la corruption pour vivre ainsi que les servantes et tenancières d'auberges, de cabarets et d'établissements de bains qu'elles fussent mariées ou non.

Afin de tourner la loi, si l'on en croit Suétone, les femmes avisées, de concert avec leurs maris, se faisiaent inscrire sur la liste des courtisanes. C'est ainsi que Zoile qui avait épousé une prostituée, recevait des amants de sa femme le prix de ses caresses. Celle-ci, de son côté, profitait du trafic des charmes de son mari avec des êtres mâles (3). Hérennius Rufus, également, ouvrit un lupanar où sa femme était la plus active des pensionnaires. On débattait avec lui le prix des nuits de sa femme ou de ses esclaves (4).

(1) FOURNEL. *Traité de l'adultère*, ouv. cité.

(2) DERVILERS (Placide). *Des peines de l'adultère* etc., ouv. cité, p. 103.

(3) BAGNEUX DE VILLENEUVE. *L'Orgie Romaine*, ouv. cité, p. 31.

(4) BAGNEUX DE VILLENEUVE. idem, p. 32.

Cependant, Auguste, créateur de la loi Julia, donnait le mauvais exemple et commettait lui-même des adultères. Il chargeait ses amis de lui procurer des femmes mariées. Mais l'empereur se montrait exigeant et il fallait qu'ils procédassent à un examen minutieux de leurs charmes nus. Quand on lui reprochait son intempérance envers les femmes romaines de qualité, il répondait « qu'il ne les voyait qu'afin de connaître les secrets de leurs maris et ce qui se passait dans leurs familles » (1).

Tibère (14-37 ap.-C.), successeur d'Auguste, n'apporta pas de modifications sensibles aux peines de l'adultère (2). Il publia seulement un sénatus-consulte interdisant aux femmes, sous peine d'exil, de se faire inscrire comme courtisanes sur le registre des édiles afin d'échapper aux pénalités de la loi Julia. Celle-ci demeura en cet état jusqu'au règne de Constantin; mais elle fut appliquée plus ou moins sévèrement.

C'est ainsi que Caligula (37-41 ap. J.-C) convaincu que sa femme Livia Hostilia le trompait n'usa pas à son égard de sa cruauté accoutumée et se contenta seulement de la bannir pendant deux années (3).

Claude (41-54) qui lui succéda toléra longtemps les débordements lubriques de sa femme Messaline. Les historiens assignent un nombre considérable d'amants à cette impériale prostituée. Le plus souvent elle faisait empoisonner ceux qui avaient eu l'honneur de la tenir entre leurs bras, de même que périssaient tous ceux qui refusaient d'assouvir sa passion.

Afin de donner le change à Claude, elle faisait coucher auprès de lui de jeunes servantes très versées dans les plaisirs érotiques (4).

(1) DE LA GORSE. *Souvenirs d'un homme de Cour* ou *Mémoires d'un ancien page*. Paris, an XIII,1805, in-8, t. II, note p. 232.

(2) DERVILERS (Placide). *Des peines de l'adultère*, ouv. cité, p. 106.

(3) BRANTOME. *Vies des dames galantes*, ouv. cité. Discours I, p. 18.

(4) BAGNEUX DE VILLENEUVE. *L'Orgie Romaine*, ouv. cité, p. 51.

« Pendant ce temps, préférant un grabat au lit impérial, cette auguste p...n sortait du palais suivie d'une seule servante; et la tête encapuchonnée, sa chevelure noire recouverte d'une perruque fauve, se glissait au lupanar pour occuper la loge qui lui était réservée. Elle arborait aussitôt un écriteau portant le nom de Lysisca; puis nue, la gorge retenue par un réseau d'or, elle prostituait les flancs qui portèrent Britannicus. Avec des caresses lascives, elle recevait les clients, réclamait le salaire, puis couchée sur le dos elle soutenait de nombreux assauts. Lorsque le leno congédiait ses pu...ns, elle se retirait à regret, fermant sa loge la dernière. » (1).

Toujours à l'affût de nouvelles jouissances, Messaline se prit à aimer éperdûment, un habile danseur de l'époque du nom de Mnester. Ce dernier hésitait à céder et exigea, pour se livrer, l'autorisation de Claude. A force de ruses, elle obtînt de son époux qu'il ordonnât à Mnester d'obéir aveuglément à l'impératrice. Et le danseur dut se rendre aux désirs de cette jouisseuse de marque (2). Une autre fois, la fougueuse Messaline voulut montrer sa supériorité en exploits amoureux. A cet effet, elle fit appel à de vigoureux partenaires et se mesura avec une courtisane très réputée. Elle soutînt vingt-cinq assauts en un jour et une nuit et sortit victorieuse de ce tournoi peu ordinaire.

Claude n'eût pas le courage de châtier son épouse, mais il la laissa égorger par son entourage. Agrippine qui lui succéda dans la couche impériale ne fut pas moins prodigue de ses charmes. Elle ne se donna que pour servir son ambition et elle en arriva à faire empoisonner l'empereur pour placer son fils sur le trône.

Néron (54-68), ce monstre qu'elle mit au monde, se refusa de subir l'autorité maternelle. Il se lança dans la débauche, voulant connaître tous les excès, toutes les formes du baiser. Sa femme Octavie l'initia. Mais,

(1) Bagneux de Villeneuve. *L'Orgie Romaine*, ouv. cité, p. 52. (H. Daragon, édit.)

(2) Bagneux de Villeneuve, idem, p. 53.

ce prince sanguinaire la répudia (1) et lui fit ouvrir les veines pour complaire à Poppée, femme du prêteur Othon, son favori (2).

Domitien (81-86) plus zélé que ses prédécesseurs et comprenant, par intérêt politique qu'il convenait à l'Etat de mettre un frein à la dépravation générale, veilla à la stricte application de la loi Julia. Il augmenta même les incapacités à l'égard des femmes adultères (3). Il répudia sa femme Domitia Longina parce qu'elle aimait un comédien et bateleur nommé Pâris et « qu'elle paillardait tout le jour avec lui sans tenir compagnie à son mari ; mais il la reprit au bout de peu de temps et en fût très content, le bateleur lui ayant appris certaines positions et tours de souplesse. » (4)

L'empereur Adrien (117-138) augmenta les rigueurs de la loi. Il prescrivit, en effet, de soumettre à la question non seulement les esclaves des deux coupables ainsi que ceux de leurs père et mère, mais encore tout esclave quel qu'il soit (5).

Septime Sévère (193-211) apporta une nouvelle disposition à la loi Julia et autorisa contre la fiancée les poursuites pour adultère (6). Cependant, cet empereur se soucia peu des écarts de conduite de sa femme Julia Domna, une syrienne, fille de Bassien, prêtre du Soleil à Emère. Il disait que le nom de Julia « était prédestiné et que celles qui le portaient étaient sujettes à être très grandes p...ns et à faire leurs maris cocus. » (7)

(1) Brantome. *Vies des dames galantes*, ouv. cité. Discours I, p. 19.

(2) Voir notre volume *Tortures et Supplices à travers les âges*. 2e mille, 4 frs. (H. Daragon, édit.)

(3) Florentin (Léonce). *De l'adultère*. Nancy, 1890, in-8.

(4) Brantome. *Vies des dames galantes*, ouv. cité, Discours I, p. 20.

(5) Florentin (Léonce). *De l'adultère*, ouv. cité.

(6) Fournel. *Traité de l'adultère*, ouv. cité. — Florentin (Léonce). *De l'adultère*, ouv. cité.

(7) Brantome. *Vies des dames galantes*, ouv. cité, Discours I, p. 21.

Alexandre Sévère (222-235) introduisit dans la loi une importante innovation. Il ordonna d'appliquer la peine de mort à la femme reconnue coupable d'adultère et rangea ce crime parmi les plus grands (1). Cependant, on trouve un rescrit de cet empereur autorisant le père à châtier ses enfants surpris en flagrant délit d'adultère, mais non à les tuer de sorte que le droit du père de tuer sa fille semble avoir disparu.

Aurélien (270-275) ordonna un supplice effroyable contre le soldat ayant abusé, avec la femme de son hôte, des faveurs de l'hospitalité. On faisait fléchir avec effort deux grosses branches de deux arbres voisins, auxquelles on liait les pieds du légionnaire. Puis on lâchait les branches et celles-ci en reprenant leur élasticité écartelaient le malheureux (2).

L'influence du christianisme s'étendant de plus en plus sous Constantin (306-337) d'importantes réformes furent apportées aux pénalités de l'adultère que l'on considéra comme un sacrilège. Ce crime fut regardé comme aussi grave que le parricide, l'empoisonnement et la magie. La femme infidèle et son complice furent punis de mort. Les femmes qui s'abandonnaient à leurs esclaves subissaient également la peine capitale; leurs complices étaient condamnés au supplice du feu. Constantin autorisa, en outre, le mari à accuser sa femme sur simple soupçon, mais il lui interdit de la répudier avant qu'elle n'eût été reconnue coupable.

Les successeurs de Constantin n'observèrent pas ponctuellement la loi Julia et établirent d'autres peines. Théodose (379-392) notamment en institua une de bien singulière. Il ordonna de conduire l'épouse coupable dans une maison publique pour y souffrir toute sa vie la prostitution et les approches de tous les hommes qui la désiraient. Mais, ces derniers étaient obligés de se ceindre les reins de grelots et de clochet-

(1) Florentin (Léonce). op. citée.

(2) Automne (Bernard). *Conférence du droict françois*, op. citée. — Chevalier Amorini. *De l'adultère chez tous les peuples.* — Voir également notre ouvrage *Tortures et Supplices à travers les âges*, 2e mille, (H. Daragon, édit.)

tes afin que ces objets, mis en mouvement par l'effet du coït, attirassent les passants autour de la maison et leur apprissent que la coupable subissait à ce moment une partie de la punition (1). Par ce moyen, Théodose, au lieu d'enrayer le péché, ne fit que l'augmenter ou tout au moins l'entretenir.

Dès lors, la punition pour crime d'adultère fut surtout appliquée aux femmes. Ce n'est qu'à partir de Justinien (527-565) que le sexe faible se vit absoudre et que toute la rigueur de la pénalité s'exerça contre les hommes. Justinien, en effet, à l'instigation de l'impératrice Théodora (2), femme adroite et galante, résolut de protéger les femmes et de rendre les hommes responsables de leurs débordements. Par la Novelle 134, il remplaça la peine de mort par celle du fouet et de la relégation dans un monastère. Toutefois, le mari eut pendant deux ans la faculté de pardonner à sa femme et de la reprendre. Ce délai écoulé, elle devait être rasée, voilée et recluse à perpétuité, tandis que son ex-conjoint pouvait se remarier. Cependant, cette réclusion perpétuelle dans un cloître n'eût pas l'approbation générale. Les ecclésiastiques trouvèrent indécent de choisir l'asile de l'innocence et de la chasteté comme retraite des femmes impudiques. Ils ajoutaient que la fréquentation de ces dernières pouvait même devenir dangereuse pour leurs compagnes. A diverses reprises, les monastères refusèrent même de recevoir de semblables femmes, ce qui obligea Justinien à faire construire une maison spécialement destinée à les recevoir et qu'il appela *Metanea* (3).

(1) FOURNEL. *Traité de l'adultère*, op. citée. — Bernard AUTOMNE. *Conférence du droict françois*, ouv. cité.

(2) « Souvent au théâtre, dit Procope, devant le peuple entier, elle ôtait ses vêtements et s'avançait nue au milieu de la scène, ne gardant qu'un petit caleçon qui cachait le sexe et le bas-ventre. Sous cet aspect, elle se renversait en arrière et s'étendait sur le plancher. Des garçons de théâtre étaient spécialement chargés de jeter des grains d'orge sur ses parties honteuses et des oies qu'elle avait dressées à cet office venaient les prendre là, un à un, dans leurs becs et les manger. Loin de se lever en rougissant, elle paraissait aimer ce spectacle et y mettre du zèle. »

(3) FOURNEL. *Traité de l'adultère*, op. citée.

Quelques années après Justinien cette disposition tomba en désuétude et les maris qui avaient fait enfermer leurs femmes purent les retirer lorsqu'ils le jugèrent à propos. Il en fut ainsi jusqu'à la fin de l'empire romain d'Orient (1453). Cependant, dans cet intervalle, l'empereur Léon VI, le Philosophe (886-911), se montra fort sévère pour l'adultère qu'il rangea parmi les plus grands crimes. Il ne le punit pas de mort, mais de mutilation. Il ordonna que la femme et son amant auraient le nez coupé (1).

Quelques siécles plus tard, une Constitution du royaume de Naples, permit au mari de tuer sa femme sur le champ lorsqu'il la surprenait en flagrant délit. Il pouvait également mettre à mort son complice sans tenir compte de son rang ni de sa qualité (2). En Lombardie, il existait un usage semblable. C'est ainsi que François de Gonzague, duc de Milan (3) fit trancher la tête à sa femme qui lui avait fait des infidélités (4).

A Ferrare, un mari s'éprit d'un jeune homme au physique agréable. Sa femme, non plus, n'était pas insensible à ses charmes. L'époux persuada sa moitié de céder aux sollicitations du jeune homme qui éprouvait pour elle une passion très vive. Elle accepta et prit rendez-vous (5). Au moment où, au jour fixé, la femme et le jeune homme faisaient le déduit, le mari, qui s'était caché, sortit de sa cachette. Les prenant sur le fait, il tira sa dague et la mettant sous la gorge de l'amant le jugea passible de mort pour un tel forfait. Cependant, il lui offrit de lui laisser la vie s'il consentait à se livrer à ses complaisances. Et les deux époux procédèrent à l'échange. Le mari abandonna sa

(1) DERVILERS (Placide). *Des peines de l'adultère.* etc., ouv. cité.

(2) JOUSSE. *Traité de la Justice criminelle* etc., op. citée.

(3) Famille princière d'Italie, qui régna sur Mantoue de 1328 à 1708.

(4) Bernard AUTOMNE. *Conférence du droict françois* etc., ouv. cité.

(5) BRANTOME. *Vies des dames galantes*, op. citée. Discours I, p. 22.

femme au jeune homme et celui-ci se prostitua au mari (1).

A Florence, de nos jours, les mœurs sont plus dissolues dans les classes élevées que dans le peuple. Elégante et musicienne, la riche Florentine charme plutôt qu'elle n'éblouit. Sa famille lui choisit un époux; mais il lui est loisible de se montrer partout « accompagnée d'un sigisbée » qui reste tout le jour avec elle, partageant ses plaisirs. Il la « serre de si près qu'on ne placerait pas un fil entre eux. » (2). On considèrerait comme un scandale une infidélité à cet amant librement élu. La femme se soucie peu du mari.

Les Romaines d'aujourd'hui sont artistes et voluptueuses; mais elles n'en conservent pas moins jusqu'au mariage la pureté de leurs mœurs. Une fois l'union consommée, elles peuvent disposer librement de leur cœur selon la passion ou l'intérêt. D'ailleurs, la complaisance des maris romains est proverbiale (3). Un ami de Taine rapporte qu'assistant un jour à une partie de campagne, il vit un jeune homme et une jeune femme qui paraissaient très épris. Se tournant vers son voisin il lui dit : « Voilà sans doute de nouveaux mariés, mais ils se croient dans leur chambre. » Le voisin, gêné, ne sut que répondre. Son embarras s'expliquait : c'était le mari.

(1) Brantome. *Vies des dames galantes*, ouv. cité, Discours I p. 22.

(2) Vignola. *L'Humanité féminine : Femmes d'Italie.* 1re série, Paris, 1907, in-4, p. 7.

(3) Vignola (A.). *L'Humanité féminine : Femmes d'Italie.*, ouv. cité, p. 9.

CHAPITRE II

L'ADULTÈRE ET LA JUSTICE FRANÇAISE

LES GAULOIS ET LES FRANCS. — LES LOIS « SALIQUE, RIPUAIRE, BURGONDE ». — PÉNALITÉ RIGOUREUSE DES PREMIERS ROIS. — LA « COURSE DES BATTUS ». — LE FOUET » ET LA « CLAUSTRATION » AU XVIe SIÈCLE : — LA PEINE DE L' « AUTHENTIQUE » ET LE « MONASTÈRE DES FILLES REPENTIES ». — MARIE JOISEL. — FEMMES ÉPRISES DE LEURS DOMESTIQUES. — L'INCESTE ET L'ADULTÈRE. — LA PÉNALITÉ SOUS LA RÉVOLUTION ET DE NOS JOURS.

En France, dans les premiers siècles, il n'a existé aucune loi proprement dite contre l'adultère. Les Gaulois n'infligeaient aux coupables qu'une réparation pécuniaire. Lorsque les Francs arrivèrent dans les Gaules, ils firent usage non des coutumes qu'ils y trouvèrent établies, mais des lois qu'ils avaient apportées des bords de l'Elbe et du Véser. Ces lois barbares plus connues sous les noms de lois salique, ripuaire et burgonde considéraient la vengeance comme un droit. Aussi contenaient-elles tout un tarif officiel de pénalités dites « compositions ». La *composition* ou *wergeld* constituait la rançon ou indemnité versée par le coupable à la victime ou à sa famille afin d'éviter contre lui le libre exercice du droit de vengeance.

La loi « salique », la plus ancienne des lois barbares prescrivait que celui qui levait la jupe d'une femme jusqu'aux genoux, payait une amende de six sols. Celui qui osait lever la jupe de manière à obtenir une entière nudité soit par devant, soit par derrière devait verser une amende de douze sols (1). Pour l'adultère consommé, le titre XV de cette loi disait : « Si quelqu'un prend la femme d'un autre du vivant du mari,

(1) FOURNEL. *Traité de l'adultère*, op. citée.

il sera déclaré coupable pour 800 deniers qui font 200 sous. »

La loi « ripuaire » fut à peu près muette sur l'adultère. Elle n'autorisait le meurtre qu'en cas de flagrant délit et si le complice cherchait à s'échapper. « Si quelqu'un a surpris un homme sur ses biens ou sur sa femme ou sur sa fille et qu'il ait voulu le lier et qu'il n'ait pu y arriver et qu'en luttant avec lui il l'ait tué, il doit devant témoins élever le corps sur une claie au milieu d'un carrefour et le garder de quatorze à quarante nuits; ensuite, il doit affirmer devant le juge qu'il a tué cet homme à son corps défendant. » S'il n'avait pas rempli ces conditions, il était déclaré coupable (1).

La loi « burgonde » ou « loi Gombette » fut instituée par Gondebaud, roi des Bourguignons. Publié à Lyon, ce recueil formait un extrait des lois anciennes et nouvelles « pour être conservé à perpétuité » (2). Il portait la date du quatre des calendes d'avril, la seconde année du règne du monarque. D'après Dom Bouquet, cette année correspond à l'année 502 de l'ère chrétienne et suivant l'*Art de vérifier les dates* (3) à l'année 501 ou 502. L'article 1er du titre LXVIII stipule que « si deux adultères ont été trouvés en flagrant délit que l'homme et la femme soient tués. » (4) L'article 3 stipulait que si le mari ne tuait que l'un des deux, il devait payer le wergeld tel qu'il avait été fixé par les précédentes lois. La loi ajoutait : « Si une femme a quitté la mari auquel elle est légitimement unie, qu'elle soit noyée dans la boue. »

Grégoire de Tours rapporte que sous Chilpéric, l'é-

(1) Bouché (A.-W.). *Etude sur l'adultère au point de vue pénal*, ouv. cité.

(2) Peyré (J.-F.-A.). *Lois des Bourguignons vulgairement nommées Loi Gombette*. Lyon, 1855, in-8.

(3) *L'Art de vérifier les dates des faits historiques, des chartes, des chroniques et autres anciens monuments depuis la naissance de Notre-Seigneur par le moyen d'une table chronologique.* 1770, P. Desprez, in-fol.

(4) Peyré (J.-F.-A.). *Lois des Bourguignons* etc., op. citée.

pouse infidèle était punie de mort. Elle était noyée avec une grosse pierre au cou.

Les capitulaires de Charlemagne et les Constitutions de Louis-le-Débonnaire ordonnèrent une peine capitale contre ce crime (1). Cependant le coupable avait la faculté de se racheter moyennant l'abandon de ses biens (2).

La rigueur de ce système cessa d'exister sous la troisième race. Hugues Capet, en effet, ayant été obligé de partager son royaume entre les Grands, ceux-ci introduisirent dans leurs seigneuries les coutumes qu'ils jugèrent le plus à propos. Les peines furent extrêmement mitigées soit que l'adultère devint très commun avec les désordres de l'époque, soit que les seigneurs en prononçant la peine de mort ou autre châtiment corporel contre le complice l'auraient rendu incapable au service militaire.

Sous les successeurs d'Hugues Capet, les seigneurs se contentèrent de condamner les coupables à quelque cérémonie humiliante comme par exemple la *course des battus* qui consistait à « courir tout nuds dans un certain espace de la seigneurie ou depuis une porte de la ville jusqu'à l'autre. » (3). Parfois ils étaient fouettés et promenés nus à la suite des processions, quelquefois aussi ces promenades étaient accompagnées d'actes immoraux (4). Toutefois les coupables pouvaient s'en dispenser en versant au seigneur une amende basée sur le degré d'impureté. Ces pratiques singulières subsistèrent dans diverses régions de la France pendant tout le moyen âge.

Charles V, néanmoins, mit l'amputation des oreilles au nombre des peines à infliger aux personnes qui favorisaient la prostitution des femmes mariées (5).

(1) Jousse. *Traité de Justice criminelle* etc., ouv. cité. T. III, p. 213. — Gayot de Pitaval. *Causes célèbres et intéressantes* etc., ouv. cité, T. III, p. 281.

(2) Chevalier Amorini. *De l'adultère chez tous les peuples*, op. citée.

(3) Fournel. *Traité de l'adultère*, op. citée.

(4) Chevalier Amorini. op. citée.

(5) Chevalier Amorini. op. citée.

Au XVIe siècle la jurisprudence se régla sur les lois romaines et adopta les dispositions édictées par Justinien en y apportant cependant quelques modifications appropriées aux mœurs et principes du royaume. Pendant longtemps la femme convaincue d'adultère fut soumise à la peine du *fouet* et à la claustration, c'est-à-dire à la relégation dans un couvent, un hôpital ou une maison de force (1).

Lorsqu'un Parlement avait rendu sa décision, la femme était mise en prison, puis confiée à deux huissiers qui la conduisaient dans le lieu désigné, hôpital ou « monastère des filles repenties ».

Quelquefois, la femme était fustigée avant d'être enfermée au couvent ainsi qu'en témoignent deux arrêts du Parlement de Bordeaux rapportés par Papon. Le premier, daté du 7 décembre 1523, condamnait la femme à « être dépouillée et battue de verges par deux sergents le long de la salle du Palais et après recluse et confinée au couvent des sœurs de Sainte-Magdeleine, » paroisse de Saint-Nicolas des Champs. Le second, en date du 30 septembre 1595, stipulait que la femme serait battue de verges pendant trois vendredis par les ministres de la Conciergerie de la Cour et, ce fait, mise en un couvent pour y demeurer l'espace de dix ans. »

Il arrivait aussi que la femme n'était fustigée qu'après le délai de deux ans imparti au mari pour lui pardonner et la reprendre. Un arrêt du Parlement de Bordeaux du 7 septembre 1614, condamna la nommée Faustine à être enfermée dans un hôpital pendant deux années consécutives ; passé ce délai, elle prendrait l'habit de la maison préalablement fustigée de verges par les servantes de l'hôpital. » (2) Très souvent, la Supérieure du couvent ou les religieuses qu'elle désignait étaient chargées d'administrer la correction. On trouve cette disposition dans un arrêt du Parlement de Bordeaux du 31 août 1752 qui condamna une nommée Martine, dans le cas où deux ans se se-

(1) FOURNEL. *Traité de l'adultère*, ouv. cité.

(2) FOURNEL. *Traité de l'adultère*, op. citée.

raient écoulés sans que son mari voulut la reprendre, « à être battue nue de verges par la prieure du couvent et autres religieuses à ce commises. »

Le Parlement de Paris se relâcha peu à peu de cette sévérité. Ses arrêts ne firent plus mention de la fustigation. La claustration seule subsista (1). « On condamne, dit Jousse (2), à être *authentiquée*, c'est-à-dire enfermée dans une communauté ou couvent tel que le mari veut choisir selon les circonstances et la publicité du crime et la condition de la femme, pendant lequel temps son mari peut la voir et la reprendre si bon lui semble; sinon le dit temps passé, et dans le cas où le mari viendrait à décéder pendant ledit temps elle est condamnée à être rasée, voilée et tondue comme les autres religieuses et filles de la communauté et à y rester sa vie durant pour être traitée selon les règles de la maison ». Lorsque la femme était de basse condition ou qu'elle ne possédait pas de biens ou encore que son mari n'avait pas le moyen de payer sa pension dans un couvent, l'arrêt ordonnait qu'elle serait enfermée soit dans une maison de force, soit à l'Hôpital pour y être traitée conformément aux règlements établis contre les femmes de mauvaise vie.

L'habit monacal que la femme devait revêtir à l'expiration du délai des deux années lorsqu'elle ne s'était pas réconciliée avec son mari ainsi que l'obligation d'être rasée ne la rendaient ni religieuse, ni professe. L'habit n'était que le dehors du moine, le vœu et la profession ne consistant pas dans ces changements extérieurs. La relégation perpétuelle constituait la peine (3).

Mais, la femme authentiquée n'était pas fondée à demander sa liberté deux ans après le décès de son mari même si elle pouvait prouver que ce dernier était sur le point de pardonner avant de mourir. C'est ainsi que jugea la Tournelle criminelle contre la demoiselle

(1) Bouché (A.-W.). *Etude sur l'adultère* etc., ouv. cité.

(2) *Traité de la Justice criminelle de France*, T. III, p. 214.

(3) Gayot de Pitaval. *Causes célèbres et intéressantes* etc., op. citée, T. VII, p. 255.

de Richemont, épouse du sieur Devaux, gendarme de la garde, convaincue d'adultère et authentiquée en vertu d'un arrêt du 5 octobre 1723 (1).

Par contre la femme condamnée pour adultère, pouvait convoler en secondes noces après le décès de son mari. Par ce moyen elle recouvrait sa liberté. Un arrêt devenu célèbre fut ainsi rendu le 29 janvier 1684 au profit de Marie Joisel enfermée depuis près de onze ans pour ses nombreux adultères. Cette femme, en effet, épouse du sieur Gars, procureur du Roi, au siège de Meulan, avait été condamnée à l'authentique par arrêt du Parlement de Paris en date du 9 mars 1673, qui portait qu'elle serait « recluse le reste de ses jours » (2). Un médecin de la faculté de Montpellier, du nom de Thomé, exerçant à Lyon, pria la justice de l'autoriser à épouser la prisonnière. Ce qui lui fut accordé par l'arrêt de janvier 1684. Mais, le tuteur des enfants mineurs ainsi que les parents paternels et maternels intervinrent les uns pour approuver ce mariage, les autres pour y former opposition (3). L'affaire fut plaidée à nouveau et un second arrêt du 21 juin 1684 confirma la premier. En exécution de ces arrêts, un huissier se transporta à la maison du Refuge « fauxbourg Saint-Marcel, somma la supérieuse de lui remettre ès-mains Marie Joisel. » (4) L'huissier la fit monter dans un carrosse et la « conduisit en l'église et paroisse de Saint-Médard où étant sut trouver le sieur Thomé. » Après qu'ils furent « fiancés et épousés par le sieur Cornier, vicaire de la paroisse » l'huissier remit « la demoiselle Joisel entre les mains du sieur Thomé, son mari, au désir des arrêts. » (5).

On voit par là que Thomé eut beaucoup de peine

(1) JOUSSE. *Traité de la Justice criminelle* etc., ouv. cité. T. III, p. 216.

(2) GAYOT DE PITAVAL. *Causes célèbres et intéressantes* etc., op. citée, T. VII, p. 207.

(3) GARSAULT. *Faits des causes célèbres et intéressantes.* Amsterdam, 1757, in-12, p. 110.

(4) GARSAULT. idem, p. 110.

(5) GAYOT DE PITAVAL. *Causes célèbres et intéressantes* etc., ouv. cité, T. VII p. 265.

pour conquérir sa femme, précisément condamnée parce que sa conquête avait été trop facile.

Ces arrêts ne tinrent nullement compte de la décision du concile de Fréjus qui défendit expressément à la femme adultère de se remarier soit du vivant de son mari, soit après son décès. « La femme adultère qui doit subir de grandes peines et passer par l'épreuve de la pénitence, disaient les évêques, ne doit point épouser un homme après la mort de son mari à qui elle n'a pas rougi de faire infidélité. » (1).

Le mari qui pardonnait et retirait sa femme du couvent ne pouvait plus par la suite l'accuser pour le même crime (2).

Lorsque le mari étant magistrat faisait condamner sa femme pour adultère, il ne pouvait la reprendre tant qu'il occupait ses fonctions (3). Il a été ainsi jugé au Parlement de Toulouse contre un conseiller. On considérait qu'il était indécent pour un juge de vivre avec une femme qui avait été jugée publiquement.

La peine infligée au complice dépendait des circonstances qui accompagnaient l'adultère et de la qualité des personnes. Il y eût beaucoup de tolérance et beaucoup d'arbitraire. Les arrêts rendus par les Parlements du royaume n'étaient pas tous uniformes. La peine fût tantôt l'amende pécuniaire, l'amende honorable; tantôt le banissement, les galères et la mort dans certains cas spéciaux (4). Ainsi par arrêt du Parlement de Rouen du 17 juin 1516, un nommé Monguet, convaincu d'adultère, fut condamné à être pendu et étranglé pour avoir, indépendamment de son crime, enlevé son amante et emporté divers vêtements du mari (5). De leur côté le Prieur de Charlieu et l'abbé de Saint-Front ne furent pas plus heureux. Le pre-

(1) Gayot de Pitaval. *Causes célèbres et intéressantes* etc., ouv. cité, T. VII, p. 253.

(2) Lebret. *Décisions.*

(3) Rousseaud de la Combe. *Traité des matières criminelles.* Paris, 1741, in-4.

(4) Bouché (A.-W.). *Etude sur l'adultère*, déjà citée.

(5) Jousse. *Traité de la Justice criminelle* etc., déjà cité, T. III, p. 221.

mier. en 1272, à la Toussaint, et le second, en 1290, subirent la fustigation suivie du bannissement (1).

Les femmes les plus distinguées n'ont pas dédaigné quelquefois de choisir les complices de leurs débauches parmi leurs valets, fermiers ou domestiques. Pour prévenir cette tentation le concile d'Elvire tenu en 305 « défendit aux femmes d'avoir de grands laquais et des garçons bien faits pour valets de chambre » (2). On rangeait dans cette catégorie les élèves d'avocats, les maîtres de danse, de musique, de dessin, etc... Ces derniers étaient passibles de la *pendaison* s'ils abusaient de leurs écolières ou même sollicitaient leurs faveurs. On agissait ainsi pour que les maîtres ne puissent employer à la corruption des élèves, les heures destinées à leur instruction. On infligeait aussi une punition exemplaire aux Procureurs, avocats, juges qui s'oubliaient au point de séduire ou seulement de solliciter une femme qui aurait eu besoin de leur ministère ou qui en aurait dépendu. Enfin, les huissiers, exempts de police, officiers, soldats de la maréchaussée, geôliers encouraient la peine de mort s'ils abusaient d'une femme mariée confiée à leur garde. Leur culpabilité se basait sur les cas suivants : 1° parce qu'ils violaient le dépôt sur lequel ils devaient veiller; 2° parce qu'ils abusaient de leur autorité; 3° parce que les privautés qu'ils pouvaient prendre sur leur prisonnière devenaient incompatibles avec la rigueur et le secret attachés à leurs fonctions(3) Il en était de même pour les médecins qui avaient commerce d'amour avec leurs clientes mariées (4).

Pendant longtemps en France on a admis l'accusation d'adultère contre la fiancée « par paroles de présent » parce que l'on considérait ces espèces de fiançailles comme un mariage véritable. Cette disposition, empruntée au droit romain, a été ensuite écar-

(1) JOUSSE. *Traité de la Justice criminelle*, T. III, p. 214.

(2) FOURNEL. *Traité de l'adultère*, op. citée.

(3) FOURNEL. *Traité de l'adultère*, op. citée.

(4) JOUSSE. *Traité de la Justice criminelle* etc., ouv. cité, T. III.

tée. Le Concile de Trente et l'Ordonnance de Blois supprimèrent, en effet, ces fiançailles et dès lors la jurisprudence n'admit plus l'adultère avant la célébration du mariage.

Il n'était pas non plus permis au mari de tuer la femme infidèle ou son amant. Cependant, s'il en arrivait à cette extrémité sous l'empire de la colère, il obtenait facilement la grâce du Roi (1). C'est ainsi que Philippe V, dit le Long, accorda le 2 janvier 1317 des lettres de rémission à Simon dit « Jolis de Montebrelu », écuyer, accusé d'avoir frappé à mort Jean de Vieilles-Maisons, prêtre, curé de Villiers, qu'il avait surpris en flagrant délit avec sa femme (2). On trouve encore un arrêt du 10 avril 1603 et un autre de 1660 entérimant des lettres de grâce obtenues par des coupables de semblables homicides.

Par contre, on punissait de la peine capitale l'époux qui, sur simple soupçon, tuait sa femme et son complice ou l'un des deux sans les avoir pris sur le fait. Il n'était pas non plus épargné s'il avait prémédité son acte.

Il faut rattacher l'*inceste* à l'adultère. La peine était la mort pour l'inceste d'un fils avec sa mère ou son aïeule ou d'un père avec sa fille et sa petite-fille. Des pères ont été condamnés au *feu* pour avoir eu commerce charnel avec leurs filles. Guillaume de Nangis, dans sa chronique de l'année 1211, cite le cas d'une dame de Château-Giraude qui, pour s'être donnée à son fils et à son frère, fut précipitée vivante dans un puits que l'on combla ensuite de pierres. La Roche-Flavin rapporte encore un arrêt du 12 février 1536 condamnant une mère et un fils coupables d'inceste à être brûlés vifs. La mère étant morte avant son supplice, les juges ordonnèrent que « ses os seraient décharnés et brûlés ».

Un des capitulaires de nos rois prononça également la peine de mort contre la belle-mère ou le beau-père

(1) JOUSSE. *Traité de la Justice criminelle* etc., ouv. cité, T. III.

(2) *Archives nationales.* X2A-1.

qui aurait commerce avec son gendre ou sa bru. Un arrêt du Parlement de Toulouse condamna une belle-mère et son gendre pour crime d'inceste à être pendus, étranglés et brûlés. On punissait aussi du dernier supplice l'inceste d'une tante avec son neveu, d'un oncle avec sa nièce lorsqu'il y avait récidive. Ainsi en 1584, à Paris, on brûla en place Maubert l'hôte de la Bergerie du Petit-Pont comme « convaincu d'avoir engrossé deux de ses nièces » (1).

Cependant, on se montra moins sévère sous les règnes de Louis XIV et de Louis XV. L'adultère florissait, en effet, à la Cour et l'on ne pouvait sévir que difficilement, surtout dans la noblesse.

Le Code pénal de 1791 garda le silence sur l'adultère. Le « Code des Délits et des Peines » du 3 brumaire an IV, œuvre de Merlin de Douai, également, n'institua aucune pénalité contre ce crime; mais autorisa le divorce. Néanmoins les législateurs voulant mettre fin à cet état de choses firent en 1803 réapparaître la peine de l'emprisonnement dans le Code civil d'où ils la transportèrent dans le Code pénal en 1810.

Actuellement, on n'applique que rarement la peine de l'emprisonnement édictée par les articles 337 et 338 contre la femme adultère et son complice. Par l'admission des circonstances atténuantes la peine est généralement abaissée à vingt-cinq ou seize francs d'amende. Un spirituel jugement du président Magnaud en fixa même le taux à un franc. C'est pour rien. La juridiction compétente est le tribunal correctionnel. En vertu de l'article 339 du Code pénal la femme poursuivie pour adultère peut opposer une fin de non-recevoir si le mari a entretenu une concubine au domicile conjugal. Cependant, la connivence du mari à l'adultère de sa femme ne constitue pas en faveur de celle-ci une fin de non-recevoir aux poursuites dirigées contre elle.

Le droit de tuer, en cas de flagrant délit, l'époux coupable ou son amant, admis, comme nous l'avons vu, dans les législations anciennes est devenu aujour-

(1) JOUSSE, *Traité de la Justice criminelle* etc., T. III.

d'hui une excuse légale consacrée par l'article 324 de notre Code pénal. Le second alinéa de cet article stipule, en effet, que « dans le cas d'adultère prévu par l'article 336, le meurtre commis par l'époux sur son épouse, ainsi que sur le complice, à l'instant où il les surprend en flagrant délit, dans la maison conjugale est excusable. »

C'est là le fameux article qu'en mai et juillet 1892, à propos de deux procès sensationnels, de grands journaux appelèrent l' « article rouge », l' « article du meurtre légal ».

Mme DE MONTESPAN

LA BELLE FERRONNIÈRE

CHAPITRE III

ADULTÈRES ROYAUX

CHILDÉRIC ET L'ÉPOUSE DU ROI DE THURINGE. — FRÉDÉGONDE ET SON AMANT LANDRY. — ASSASSINAT DE CHILPÉRIC. — LES DÉBAUCHES D'ÉLÉONORE DE GUYENNE. — LES BRUS DE PHILIPPE-LE-BEL. — LEURS AMOURS A L'HOTEL DE NESLE ET A L'ABBAYE DE MAUBUISSON. — LE DERNIER SUPPLICE DE LEURS AMANTS PHILIPPE ET GAULTIER D'AULNAY. — MORT DE MARGUERITE DE BOURGOGNE. — BURIDAN ET JEANNE DE POITIERS. — LES MALHEURS CONJUGAUX DE CHARLES VI ET D'ISABEAU DE BAVIÈRE. — LE PIEUX ET VOLAGE HENRI III. — LES CONSOLATIONS DE LOUISE DE VAUDEMONT. — HENRI IV ET SES NOMBREUSES MAITRESSES. — SES LETTRES D'AMOUR. — INFIDÉLITÉS DE SES DEUX ÉPOUSES. — LA SENSUALITÉ D'ANNE D'AUTRICHE. — LES DIVERSES PASSIONS DE LOUIS XIV. — LA DUCHESSE DE LA VALLIÈRE, LA MONTESPAN, LA « VIEILLE GUENIPE » DE MAINTENON. — LES ORGIES DE LOUIS XV. — LES CINQ DEMOISELLES DE NESLE. — JEANNE POISSON, MARQUISE DE POMPADOUR. — LA CORBEILLE DE FLEURS ET LE MONOLOGUE D'ARMIDE. — JEANNE BÉCU, COMTESSE DUBARRY. — SCANDALE A LA COUR. — LA CHASTETÉ DE LOUIS XVI. — LA RÉPUTATION DE MARIE-ANTOINETTE. — LES PAMPHLETS. — L' « AUTRICHIENNE » FUT-ELLE ADULTÈRE ?

Dès les premiers siècles, nos rois et reines de France se montrèrent adultères. Childéric Ier, se lança dans de telles débauches que les seigneurs dont il avait déshonoré les femmes et les filles le chassèrent de sa patrie vers l'an 460. Il se réfugia à la cour du roi de Thuringe. Basine, épouse du monarque saxon « se chargea du soin officieux de consoler le coupable fugitif (1) ».

(1) PRUDHOMME (F.) *Les crimes des reines de France depuis le commencement de la monarchie jusqu'à Marie-Antoinette.* Paris et Lyon, 1791, in-8.

Rappelé en France, cette nouvelle Hélène le suivit, abandonnant ses enfants, son époux et son trône. Childéric épousa plus tard cette femme adultère qui donna le jour à Clovis. Le roi de Thuringe ne chercha point, paraît-il, à renouer les liens que l'infidèle avait rompus et méprisa son crime. L'audace de Childéric n'en alluma pas moins une haine entre les deux peuples qui donna lieu, dans la suite, à des luttes sanglantes (1).

Chilpéric Ier, lui aussi, eût une infortune maritale. Il l'apprit fortuitement, villégiaturant en son château de Chelles, près de Paris, vers la fin de septembre 584, il se disposait à partir pour la chasse lorsque la fantaisie lui prit de dire un mot à la reine. La trouvant seule dans son cabinet de toilette en train de se coiffer, il la frappa légèrement sur la tête d'une petite baguette qu'il tenait à la main. Frédégonde qui croyait que son époux courait la campagne, le prit pou Landry de la Tour, connu pour son amant par toute la Cour à l'exception du roi. « Landry, lui dit-elle, sans se retourner, un bon chevalier ne doit jamais frapper une femme par derrière; il le fait toujours par devant (2) ». Muet d'étonnement, Chilpéric ne répliqua rien; mais, comprenant toute l'étendue de son malheur, il sortit. Frédégonde, s'étant retournée, le reconnut. Elle envoya aussitôt quérir Landry et le mit au courant de l'imprudence qu'elle avait commise lui laissant le choix entre la mort du roi ou la leur. Landry préféra la première de ces alternatives. Et, au retour de la chasse, Chilpéric se vit tout-à-coup environné par des assassins qui le tuèrent à coups de poignard (3).

Louis VII le Jeune ne fut pas plus heureux en ménage. Eléonore de Guyenne n'avait que seize ans lorsqu'elle l'épousa en 1137. Fière et ambitieuse, frivole même, elle ne songea à se marier que pour jouir des plaisirs de la Cour. Lorsque Louis VII entreprit la se-

(1) PRUDHOMME. (L.) *Les crimes des reines de France* etc., op. citée.

(2) PRUDHOMME (L.). *Les crimes des reines de France* etc., ouv. cité.

(3) PRUDHOMME (L.). idem, op. citée.

conde croisade, il résolut d'emmener sa femme avec lui ainsi que le faisaient les croisés. Mais, l'oncle d'Eléonore, Raimond, prince d'Antioche, sut lui plaire. Louis qui n'ignorait pas leur commerce incestueux gardait le silence pour éviter un scandale. Il se vit, cependant, dans la nécessité d'agir car la reine affichait presque publiquement sa conduite irrégulière. On avertit, en outre, le monarque qu'elle ne se montrait pas insensible aux avances d'un jeune turc du nom de Saladin, qu'elle avait accepté les présents qu'il lui avait offerts, qu'elle se comportait enfin « en véritable prostituée » (1). Quand bien même Louis VII n'aurait eu que des soupçons à l'égard de Raimond, il en aurait trouvé la confirmation dans le refus que la reine lui opposa de quitter Antioche. Il résolut donc de la faire enlever. Ce projet réussit à merveille, mais Raimond, d'autant plus irrité qu'il ne s'attendait pas à cette brusque séparation, tendit, d'accord avec sa nièce, de nombreuses embûches au roi. Celui-ci ne parvint à les éviter que grâce à Roger, roi de Sicile, qui le conduisît dans ses Etats. Louis se rendit de là à Rome et, en 1150, regagna la France non sans éprouver le plus vif ressentiment contre Eléonore. Cette dernière de son côté, se plaignait avec colère de « n'-voir épousé qu'un moine et non un roi (2).» Bref, Louis VII demanda le divorce sous le double prétexte « qu'elle lui était parente au degré défendu et qu'elle avait quelques imperfections corporelles qui blessaient l'odorat (3) » Un concile s'assembla en 1152 à Beaugency et prononça le divorce en ordonnant à la couronne de France de restituer la Guyenne à la reine impudique. Eléonore devait, plus tard, épouser le futur roi d'Angleterre, Henri Plantagenet (4), et finir ses jours en 1204 en l'abbaye de Fontevrault.

(1) Prudhomme (L.). *Les crimes des reines de France* etc., op. citée.

(2) Prudhomme (L.). *Les crimes des reines de France* etc., ouv. cité.

(3) Marquis d'Argens, d'après Sauval. *Mémoires historiques et secrets concernant les rois de France.* Paris, 1739, in-12.

(4) Proclamé en 1155.

Philippe IV, le Bel, eut de grandes satisfactions avec ses trois fils; mais ses brus lui causèrent beaucoup de tristesse. Ce furent : Marguerite, fille de Robert, duc de Bourgogne, femme de Louis, roi de Navarre et fils aîné du roi; Jeanne fille d'Othelin, comte de Bourgogne, femme de Philippe, comte de Poitiers, et Blanche, également fille d'Othelin, épouse de Charles, comte de la Marche (1). Après leur mariage ces trois princesses habitèrent ensemble l'hôtel de Nesle, qui se dressait sur l'emplacement occupé aujourd'hui pas le Palais de l'Institut, l'hôtel de la Monnaie et quelques maisons avoisinantes (2). A l'extrémité occidentale, à l'angle formé par le cours de la Seine et l'enceinte de Philippe-Auguste, se trouvait, selon Dulaure, la tour de Nesle. Ronde et très élevée, elle était accouplée à une seconde tour plus haute encore.

Les princesses, jeunes et jolies, aimaient passionnément les plaisirs. Grâce à elles, l'hôtel de Nesle ne tarda pas à devenir le rendez-vous de la noblesse, à être fréquenté par les femmes à la mode, les hommes distingués de l'époque.

Parmi ceux-ci, deux gentilshommes bretons, Philippe et Gaultier d'Aulnay s'éprirent éperdûment, le premier, de Marguerite de Bourgogne, le second, de Blanche de la Marche. Ces princesses ne repoussèrent pas leurs propos amoureux. Elle mirent dans la confidence l'un des huissiers de la chambre de Marguerite nommé Mogis (3). Il introduisait secrètement Philippe et Gaultier auprès d'elles. Pour favoriser

(1) Les trois fils de Philippe le Bel montèrent l'un après l'autre sur le trône de France : l'aîné, Louis, roi de Navarre, sous le nom de Louis X le Hutin en 1314; le cadet, Philippe, sous celui de Philippe V, le Long, en 1316; le troisième, Charles, sous celui de Charles IV, le Bel, en 1322.

(2) Philippe le Bel acheta l'hôtel de Nesle à Amauri de Nesle en 1308. Les rois ses successeurs le donnèrent et l'aliénèrent à diverses reprises, mais il revint toujours à la couronne. En 1571, Charles IX le vendit à Louis de Gonzague, duc de Nemours qui le fit reconstruire en partie. Il devint ensuite l'hôtel Guénégaud et enfin l'hôtel de Conti.

(3) Le François (A.-B.). *Les Mystères des vieux châteaux de France ou amours secrets des rois et reines de France.* Paris, 1846-1848, 6 vol., gr. in-8, T. III, p. 193.

leurs intrigues il donnait des fêtes, des divertissements. Ce personnage fit, en outre, établir dans une chambre contiguë à l'appartement de Marguerite un vestiaire mobile qui pouvait en un instant se replier sur lui-même et disparaître dans la muraille. C'était là que Philippe et Gaultier venaient se travestir car, bien qu'ils fussent reçus ouvertement à l'hôtel de Nesle, ils devaient parfois, pour détourner les soupçons, s'en éloigner sous un costume différent de celui qu'ils portaient en venant à la soirée (1).

Les trois princesses avaient mis à la mode l'usage de se découvrir la gorge, les jambes et même le côté. Or, un chanteur d'origine italienne ayant été appelé à prêter le concours de son talent se mit à chanter les plaisirs de l'amour. Lui-même s'anima par degrés en dévorant la presque nudité de la belle Marguerite. Il s'oublia a un tel point qu'il enlaça la princesse de ses bras et la couvrit de baisers passionnés. Malgré sa prudence habituelle, Philippe d'Aulnay ne sut se contenir. Tirant son épée, il voulut transpercer le baladin trop entreprenant. Mogis veillait heureusement et lui retint le bras. L'incident provoqua quelques commentaires. On blâma même le gentilhomme de s'être laissé aller à une telle extrémité. On attribua son emportement à un accès de jalousie.

Marguerite effrayée des suites qui pourraient en résulter, se décida à consulter un sorcier célèbre du nom de Paviot. Celui-ci, après avoir tracé un carré astrologique et consulté les « maisons du Soleil », vit dans ces maisons : de la vie, des chagrins, de l'effroi et de la mort, des emprisonnements et de la mort violente. En outre, une catastrophe sanglante se dessinait au loin (2).

Eperdue, poursuivie par de terribles appréhensions, Marguerite conçut le projet de se retirer pour un certain temps à l'abbaye de Maubuisson. Elle insista auprès de Blanche de la Marche et de Jeanne de Bou-

(1) Le François (A.-B.). *Les Mystères des vieux châteaux de France* etc., ouv. cité, T. III, p. 193.

(2) Le François (A.-B.). *Les Mystères des vieux châteaux de France* etc., ouv. cité, T. III, p. 199.

gogne pour qu'elles la suivissent dans sa retraite volontaire. Ces princesses y consentirent.

Les religieuses les reçurent avec tous les honneurs dûs à leur rang. Mais, la passion de Marguerite et Blanche pour Philippe et Gaultier était trop vive. Elles ne purent résister à la tentation de les revoir. Grâce à la complicité de l'huissier Mogis, elles ne tardèrent pas à renouer leurs relations coupables à l'insu des religieuses. Cela leur était d'autant plus facile que le monastère était entouré d'une vaste prairie. Les cellules des jeunes femmes donnaient précisément sur la campagne. Aussi les deux gentilhommes, très agiles, pouvaient-ils escalader sans crainte les clôtures du couvent et retrouver leurs maîtresses en ce paisible séjour.

Les fréquentes allées et venues des deux frères ne manquèrent pas d'attirer l'attention des habitants du fief. Or, il advint qu'un petit pâtre trouva dans la prairie une boucle de prix. L'ayant montrée à son père, celui-ci émit l'opinion qu'elle ne pouvait appartenir qu'à un seigneur de la Cour. Gaultier d'Aulnay, qui en était le possesseur, commit l'imprudence de retourner près du monastère pour rechercher son bijou et même de le demander à quelques chevriers. Sur leurs indications, il envoya un de ses gens chez les parents du pâtre réclamer le joyaux qui pouvait le compromettre. Précaution bien inutile. Peu de jours après, en effet, personne n'ignorait que la boucle perdue au pied des murs de l'abbaye de Maubuisson appartenait à un seigneur nommé Gaultier d'Aulnay. La nouvelle parvint jusqu'aux oreilles de Philippe le Bel. Et un beau matin, quatre officiers de la maison du roi, accompagnés de plusieurs gardes, arrêtaient les deux frères comme « prévenus d'un commerce illicite avec les princesses (1). »

L'affaire portée devant la juridiction de Pontoise, fut bientôt instruite. Philippe et Gaultier se virent condamner à mort pour « avoir par la plus coupable

(1) Le François (A.-B.). *Les Mystères des vieux châteaux de France*, op. citée, T. III, p. 200.

félonie souillé la couche royale ». Ils eurent, au préalable, les parties honteuses coupées; puis ils furent attachés nus à la queue de quatre juments qui les traînèrent de Maubuisson à Pontoise à travers la prairie fraîchement fauchée (1).

« Philippe et Gaultier d'Aulnay, dit Mézeray, eurent les parties dont ils avaient commis le crime arrachées, la peau éraflée et, après de cruels tourments, ils furent traînés à la queue de chevaux furieux sur des troncs de foins nouvellement coupés et leurs corps, ainsi défigurés, portés au gibet. L'huissier de chambre de Marguerite, ministre et confident de leurs intrigues, fut pendu. »

L'arrêt, portait que tous trois seraient « pendus et étranglés (2) ». Plusieurs autres personnes furent arrêtées et mises à la torture (3).

Quant aux princesses, elles ne parvinrent pas à fléchir la colère de leurs époux. Marguerite de Bourgogne et Blanche de la Marche furent enfermées au Château Gaillard. Jeanne de Bourgogne et d'Artois, contre laquelle manquaient les preuves de culpabilité, n'en fut par moins reléguée au château de Dourdan (4).

Marguerite, étroitement surveillée dans l'un des cachots de sa prison, y mena pendant deux ans environ, une vie de tristesse et d'abandon. Sa seule distraction consistait à entendre les pas cadencés de la sentinelle qui montait la garde dans le vestibule. Un soir, vers la dixième heure, son confesseur entra. Il fit comprendre à la malheureuse femme que sa dernière heure avait sonné. Marguerite parut se recueillir. Traçant ensuite quelques lignes, elle les confia au religieux en le priant de les remettre à son époux, Louis

(1) Bernard de Girard. *Histoire générale des Rois de France.* Paris, 1615-1629, 2 vol. in-fol.

(2) Bernard de Girard. idem, op. citée.

(3) Pour les moyens de torture employés à cette époque, consulter notre ouvrage *Tortures et supplices en France,* chap. III, Paris, 1909, 1 vol., in-16, 5 fr. (H. Daragon, édit.)

(4) Marquis d'Argens, d'après Sauval. *Mémoires historiques et secrets* etc., op. citée.

le Hutin. Puis, s'étant confessée, elle demanda à être inhumée en l'église de Vernon. Le confesseur, attendri, lui promit de se conformer à ses volontés suprêmes et se retira. Quelques instants après, le bourreau pénétrait à son tour dans le cachot. Il tenait d'une main une serviette et de l'autre une lampe blafarde. A sa vue, Marguerite se réfugia dans un angle du sombre réduit. Le visage caché dans ses mains, elle se laissa tomber sur un banc de pierre. L'exécuteur, la saisissant par derrière, lui passa au cou la fatale serviette et l'étrangla (1). Ainsi périt (2) en 1315, à l'âge de vingt-cinq ans, cette jeune femme, coupable sans doute, mais digne de pardon après les souffrances qu'elle avait endurées pendant ses deux années de dure captivité.

Blanche de la Marche avait réussi à recouvrer sa liberté un an après son incarcération. Mais, étant devenue grosse mal à propos, Charles de France la répudia (3). C'est alors qu'ayant toujours présent à la mémoire le terrible drame dont elle avait été un des principaux personnages, elle se retira de nouveau en cette abbaye de Maubuisson, témoin de ses égarements. Elle y passa la fin de son existence entre la pénitence et le repentir (4).

En 1315, peu de temps après l'exécution d'Enguerrand de Marigny, Jeanne de Poitiers se réconciliait avec son époux. Godefroy a écrit, à ce propos, dans une de ses chroniques : « Jeanne, comtesse de Poitiers, sœur aînée de Blanche et l'héritière du comte de Bourgogne, était violemment soupçonnée; mais après de sévères information, il fut jugé au Parlement, en présence du comte de Valois, du comte

(1) Le François (A.-B.). *Les Mystères des vieux châteaux de France*, op. citée, T. III, p. 205.

(2) Certains auteurs prétendent que Marguerite de Bourgogne fut étranglée à l'aide de ses propres cheveux. Les débauches de cette princesse et sa fin tragique ont fourni le sujet d'un drame populaire : *la Tour de Nesle*.

(3) Marquis d'Argens, d'après Sauval. *Mémoires historiques et secrets* etc., ouv. cité.

(4) Le François (A.-B.). *Les Mystères des vieux châteaux de France* etc., ouv. cité, T. III, p. 204.

d'Evreux et de beaucoup de noblesse qu'elle était absolument sans reproche et sans tâche. Le comte son mari fut un des premiers à reconnaître son innocence; il la rappela auprès de lui après l'avoir fait sortir du château de Dordan. »

En 1322, après la mort de son époux qui venait de régner sous le nom de Philippe le Long, Jeanne se retira à l'hôtel de Nesle (1). C'est d'elle sans doute dont parle Brantôme (2) en faisant allusion à une Reine « qui se tenait à l'hôtel de Nesle, laquelle faisoit le guet aux passants et ceux qui lui plaisoient et agréoient le plus, de quelque sorte de gens que ce fussent, les faisoit apeller et venir à elle, et après en avoir tiré ce qu'elle en vouloit, les faisoit précipiter de la Tour, en bas dans l'eau. » Et il ajoute : « Je ne peux pas dire que cela soit vrai; mais la plupart de Paris l'affirme, et il n'y a personne qui ne le dise,en montrant la Tour. »

Ce qui fit dire à François Villon dans sa *Ballade aux Dames*, composée en 1461 :

Où est la Reine
Qui commanda que Buridan
Fut jetté en un sac en Seine ?

L'aventure que Jeanne eut avec le jeune étudiant Buridan peut compter parmi les plus romanesques. Celui-ci avait aperçu Jeanne à une soirée donnée dans la Cité. Il en était devenu follement épris. Or, l'ex-reine de France vint au devant de ses désirs. Un soir qu'il flânait, comme de coutume, au Pré-aux-Clercs un homme s'approcha de lui et le pria de le suivre. Buridan accepta, mais il dut se laisser bander les yeux. Après avoir marché longtemps en aveugle, son compagnon lui ordonna de s'arrêter. Son bandeau lui fut enlevé. A sa stupéfaction, il se trouvait dans une chambre parfumée, garnie de meubles somptueux. Devant lui, se tenait, rouge de désirs, celle qu'il adorait secrètement. Elle l'étreignit, couvrit son

(1) Saint-Foix (de). *Essais historiques sur Paris*. Paris, 1766, in-12, quatrième édition, T. I, p. 183.

(2) *Vies des dames galantes*, op. citée.

front de baisers brûlants. Un sommeil plein de délices s'empara bientôt de ses sens. Il se réveilla au milieu de la Seine. De grosses cordes enserraient ses bras et ses jambes (1). D'un mouvement instinctif, il brisa ses entraves. Et, nageant vivement, il gagna la rive. Parvenu sur la berge, il éprouva quelque surprise de se trouver au pied de la Tour de Nesle. Il comprit. La noble dame qui s'était si facilement donnée à lui, avait ordonné de noyer ce témoin de ses coupables faiblesses. Effrayé, Buridan se hâta de quitter Paris pour se réfugier à Vienne, en Autriche.

Jeanne mourut en 1329 et voulut être enterrée aux Cordeliers (2).

La plupart des historiens sont d'accord pour dire que Charles VI faisait occuper la place de la reine Isabeau, à l'hôtel Saint-Paul, par la fille d'un marchand de chevaux fort jolie et fort gaie. Pendant ce temps, Isabeau de Bavière, se consolait à l'hôtel Barbette (3) avec le duc Louis d'Orléans, frère unique du roi. Le 23 novembre 1407, à huit heures du soir, le duc venait de souper avec elle lorsqu'il fut lâchement assassiné par une vingtaine d'hommes d'armes conduits par d'Ocquetonville, homme de main de Jean-sans-Peur, duc de Bourgogne. Le bruit avait couru que le duc d'Orléans songeait à se faire aimer de la duchesse de Bourgogne et qu'à un bal masqué, derrière une tapisserie, elle ne lui avait pas été cruelle. Fou d'amour, le duc d'Orléans commit la maladresse de chanter, dans un souper auquel assistait Jean-sans-Peur, une chanson qu'il avait faite pour la duchesse et où il célébrait « la beauté de ses cheveux

(1) Le François (A.-B.). *Les Mystères des vieux châteaux de France*, ouv. cité, T. III, p. 192.

(2) Saint-Foix (de). *Essais historiques sur Paris*, ouv. cité, T. I, p. 183.

(3) Étienne Barbette, prévôt des marchands, avait fait édifier en 1298 un somptueux hôtel, rue Vieille-du-Temple. Le roi Charles VI l'acquit à ses héritiers et la reine Isabeau en fit bientôt sa demeure de prédilection. Il ne reste plus aujourd'hui de cette maison qu'une vieille tour restaurée qui se dresse à l'angle des rues Vieille-du-Temple et des Francs-Bourgeois.

noirs (1) ». Louis d'Orléans, disent les chroniques, avait un cabinet renfermant les portraits de toutes les dames dont il avait obtenu les faveurs. Le duc de Bourgogne ayant appris que le portrait de sa femme figurait dans la collection résolut de se venger et paya des assassins.

La reine Isabeau se consola de la mort de son cher d'Orléans avec le chevalier de Bois-Bourdon et mena avec lui un conduite des plus déréglées. Elle n'avait conservé aucune bienséance. Son favori, lui, ne cachait pas son heureuse fortune. Le Dauphin et le connétable d'Armagnac résolurent d'éloigner cette femme dangereuse. Ils choisirent un des moments où Charles VI avait des éclairs de raisons pour le mettre au courant de la conduite scandaleuse de la reine et lui inspirer le désir d'éclairer les soupçons qu'ils firent naître. Le roi résolut de surprendre sa femme. Un jour d'avril 1417, il se rendit donc de Paris au château de Vincennes où elle s'était formé un lieu de retraite et de débauche (2). Chemin faisant, il rencontra dans le bois le sire de Bois-Bourdon. Le favori de la reine, s'inclinant à peine, poursuivit son chemin en chevauchant. La jalousie et la colère du monarque éclatèrent devant cette insolence. Charles VI ordonna à son grand-prévôt d'arrêter le chevalier. Bois-Bourdon, conduit d'abord à Montlhéry, où il resta longtemps garotté, fut ensuite ramené au Châtelet. Mis à la question, l'amant de la reine se vit condamner à mort. Des soldats l'enfermèrent dans un sac, lié par le bout avec une corde (3), sur lequel était écrit : « Laissez passer la justice du Roi » et le noyèrent dans la Seine (4).

La reine Isabeau exilée à Blois, puis à Tours, y

(1) SAINT-FOIX (de). *Essais historiques sur Paris*, ouv. cité, T. I. p. 321.

(2) PRUDHOMME (L.). *Les crimes des reines de France* etc., ouv. cité.

(3) De là vient l'expression proverbiale de « gens de sac et de corde ».

(4) FOSSA (F. de). *Le château historique de Vincennes à travers les âges.* Paris, 1908, 2 vol. in-4, (50 fr. H. Daragon, édit.) T. I, p. 103.

demeura en assez simple état sous une sévère garde.

La cour de Marie de Médicis se fit également remarquer par son impudicité. En février 1575, Henri III épousa Louise de Vaudemont, petite-fille du duc de Lorraine et maîtresse de messire François de Luxembourg, de la maison de Brienne. Il n'ignorait pas ce détail puisqu'il écrivit le 17 février à de Brienne : « Mon cousin, j'ai épousé votre maîtresse : mais je veux en échange que vous épousiez la mienne. » Il voulait parler de la Châteauneuf qui avait été sa favorite avant qu'il fut roi et mari. (1). Quelque temps après son mariage, Henri III eut commerce d'amour avec Marie de Clèves et Madame de Sauves. Mais à la suite d'un différend avec Monsieur, son frère, au sujet de cette dame, le monarque rompit toute relation avec elle. Cette rupture amena un rapprochement du roi et de la jeune reine. Toute sa tendresse parut se réveiller pour cette princesse. Tel un amant, il lui rendait des soins assidus, passait des matinées entières auprès d'elle à délibérer sur les modes ou à découper des portraits qu'il collait ensuite contre les murs en guise de parure (2). L'après-midi il sortait en carosse avec son épouse et allait souvent de maison en maison où il ramassait tout ce qu'il trouvait de petits chiens. Le soir, le roi s'habillait le plus souvent en femme et il découvrait sa gorge chargée de deux ou trois colliers de grosses perles, avec des collets à trois rangs comme on les portait alors. On le vit courir la bague, vêtu en amazone ou paraître dans le cercle de ses courtisans habillé en fille, le visage couvert de mouches. Ravi, il écoutait les propos galants de ses mignons et leur répondait « avec toutes les minauderies de la plus adroite coquette de la Cour (3). » L'envie d'avoir des enfants le jetait dans des superstitions

(1) Pierre de l'Estoile. *Journal du règne de Henri III.* février 1575, s. l., 1621, in-8.

(2) *Mémoire historique ou anecdote galante et secrète de la duchesse de Bar, sœur d'Henri IV, Roy de France; avec les intrigues de la Cour pendant les règnes d'Henry III et Henry IV.* Amsterdam, 1713-1716, 2 vol. in-12. T. I, p. 169.

(3) *Mémoire de la duchesse de Bar,* ouv. cité. T. I, p. 171.

populaires. C'est ainsi que certain jour il se purgea à Olinville et y prit un bain pendant que la Reine en faisait de même à Paris. Puis, il se rendit à Chartres pour assister à la fête de la Chandeleur. Et prenant deux de ses chemises, l'une pour lui et l'autre pour son épouse, il s'empressa de revenir à Paris persuadé qu'il ne manquerait pas d'avoir des enfants (1). Cependant, la vertu de ce remède n'opéra pas. Désespéré, le roi se lança dans des dévotions excessives tout en commettant de nouvelles infidélités à la jeune Reine (2).

A Lyon il fut le héros d'une aventure piquante. Etant tombé amoureux de la femme d'un des plus riches financiers de cette ville, il s'aperçut bientôt que ses sentiments étaient partagés. Cependant, le mari avait eu vent des desseins d'Henry et paraissait résolu à sauvegarder son honneur. On usa donc de supercherie. Le confident de Sa Majesté, le comte de Maulevrier, mit un cordelier, confesseur du jaloux, dans le secret du monarque. Le religieux incita le mari à s'enrôler dans la confrérie des Pénitents sans quoi les habitants de Lyon pourraient le soupçonner d'hérésie. Le pauvre homme tomba dans le piège. Le jeudi suivant, il se vêtit d'un habit de pénitent et assista avec dévotion à la procession qui se déroula extraordinairement ce jour-là. Il porta même la croix. Pendant qu'il s'habillait, le roi s'introduisit chez lui et obtint de sa volage épouse les faveurs qu'il sollicitait. Mais Henri tenté par une mauvaise curiosité s'approcha d'une fenêtre au moment du passage du cortège. Le mari l'aperçut à travers les vitres et prétexta une faiblesse pour rentrer chez lui. On s'arrêta pour changer de porte-croix. Dans cet intervalle, le roi et le comte de Maulevrier se cachèrent dans un

(1) *Mémoire de la duchesse de Bar*, op. cit., T. I, p. 173.

(2) Cette vie oisive du monarque donna lieu à diverses plaisanteries. On l'affubla même de ces titres : « Henry par la grâce de Sa Mère, Roi de France inutile, Roi de Pologne imaginaire, Concierge du Louvre, Marguillier de Saint-Germain-l'Auxerrois, Gendre de Colas, Valet de chambre de sa femme, Mercier du Palais, et Gardien des quatre Mandians de Paris. »

comptoir (1). Ils couraient un grand danger, lorsque le cordelier persuada au mari que son devoir lui imposait de reporter l'habit et la croix où il les avait pris. Pendant qu'il s'en acquittait, le roi et son confident gagnèrent la rue, heureux de s'en tirer à si bon compte.

La reine Louise se consola un instant des nombreuses infidélités de son royal époux. *Le Manifeste des Dames de la Cour* (2) nous édifie à cet égard. « Me sentant, dit-elle, en cour désespérée de l'insolente et impudique vie de mon mari, je fus quasi préparée de mettre mon amour au Guisard, par les menées du Cardinal et de cette prude femme la Mirande. »

La reine de Navarre, Jeanne d'Albret, mère du futur Henri IV, donna fortement prise à la critique. Les prédicateurs parisiens ne lui ménageaient pas les injures. Le curé de Saint-André traitait sa progéniture de « fils de put... et bâtard. » Boucher qualifiait Jeanne de « vieille louve (3) ». Guarinus appelait Henri plusieurs fois « fils de put... » et disait que sa mère était tellement publique « qu'elle se prêtait à tout le monde et qu'il y avait cinquante à soixante ministres qui y allaient ordinairement les uns après les autres (4) ».

Henri IV, le Vert-Galant, avait donc de qui tenir .En 1572, il épousait Marguerite de Valois. Il n'en continua pas moins à avoir de nombreuses maîtresses qu'il choisissait de préférence parmi les dames d'honneur de sa femme. Il gagna successivement le cœur de Françoise de Montmorency-Fosseux, dite la belle Fosseuse; de Mme de Pétonville; de Mlle de Duras; de la comtesse de Saint-Mégrin; de la comtesse de Guiche. Il entretînt ensuite un commerce amoureux avec la comtesse de Grammont, dite la belle Corisande; puis avec Catherine de Verdun, reli-

(1) *Mémoire de la duchesse de Bar*, op. citée, T. I, p. 117.

(2) *Le Manifeste des Dames de la Cour*, 1587, publié dans le *Journal de Henri III*, décembre 1587.

(3) L'Estoile (P. de). *Journal du règne de Henri IV*, mars 1591, s. l. 1732, 3 vol., in-8.

(4) L'Estoile (P. de). idem, février 1594.

gieuse de Longchamp et Marie de Beauvilliers, abbesse de Montmartre. Cette dernière dut céder la place aux charmes captivants de Gabrielle d'Estrées(1) la belle Gabrielle, qui porta successivement les noms de Mme de Liancourt, de marquise de Monceaux et de duchesse de Beaufort. Certains l'appelèrent « duchesse d'ordure (2) » Henri en fut fortement épris « et peu s'en faut qu'il perde dans cette aventure le sens de ses devoirs de roi (3) ». C'est que Gabrielle avait la plus belle tête du monde; des cheveux blonds en quantité; les yeux bleus, d'un brillant à éblouir, et d'une douceur qui égalait leur éclat; le nez bien fait; une bouche où l'amour et l'enjouement se reposaient; la gorge d'une beauté à faire oublier toutes les autres; la taille, les bras, la main, le pied, tout répondait à la tête et formait un ensemble admirable (4).

Le roi fit épouser Gabrielle par un gentilhomme de Picardie déjà veuf, M. de Liancourt; mais « Henri sçut empêcher la consommation de ce mariage (5) ». Et le 24 décembre 1594, François Roze, official d'Amiens délégué par celui de Noyon, déclarait que le mariage de Mlle d'Estrées avec M. de Liancourt était nul dans son principe « parce qu'il avait été célébré

(1) Elle était fille de Jean-Antoine d'Estrées, marquis de Cœuvres, et de Françoise Babou de la Bourdaisière. Cette dernière appartenait à une famille fertile en femmes galantes. Une Mme de la Bourdaisière ne s'était-elle pas vantée d'avoir couché avec Charles-Quint et avec François Ier. La marquise trouva la mort à Issoire, lors d'une sédition. Son cadavre resta indécemment exposé dans la rue. Et, dit M. de Saint-Foix, dans ses *Essais historiques sur Paris*. « on s'aperçut d'une mode qui s'étoit introduite depuis quelque temps parmi les femmes du grand monde : ce n'étoient pas seulement leurs cheveux qu'elles tressoient avec de la nompareille de différentes couleurs. »

(2) L'Estoile (P. de). *Journal de Henri IV*, juillet 1597, op. citée.

(3) Hervez (Jean). *Mignons et Courtisanes au XVIe siècle.* Paris 1908, in-8, p. 75.

(4) Dreux du Radier. *Mémoires historiques et anecdotes sur les reines et régentes de France.* Paris, 1808, 6 vol., in-8, T. VI.

(5) Duc de Sully. *Mémoires.* Paris 1827, 6 vol., in-8.

contre toutes les Loix et les statuts de l'Eglise (1) ». Au mois de juin de la même année, Mme de Liancourt avait déjà porté dans son sein les gages de la tendresse de son amant. Elle accoucha, en effet, d'un fils à Couci. Le roi l'appela César et les courtisans « Monsieur ». En mars 1596, la marquise de Monceaux était enceinte pour la seconde fois et accouchait en novembre d'une petite fille qui reçut les prénoms de Catherine-Henriette. Le roi la légitima par Lettres-Patentes du mois de mars 1597.

Gabrielle ne pût se résoudre à être fidèle au roi. Celui-ci, d'ailleurs, ne lui en donnait pas l'exemple. Alors qu'il satisfaisait ses fantaisies lubriques avec Juliette d'Estrées, marquise de Cérisay, duchesse de Villars et Angélique d'Estrées, abbesse de Maubuisson, Gabrielle prenait ses ébats avec le duc de Bellegarde. Malgré cela, Henri songea à divorcer d'avec Marguerite de Valois pour épouser sa maîtresse. Son entourage l'en déconseilla. La malignité publique lança même cet épigramme.

Mariez-vous de par Dieu, Sire,
Votre héritier est tout certain,
Puisqu'aussi bien un peu de cire
Légitime un fils de put...
Put..., dont les sœurs sont putantes.
La grand'mère le fut jadis,
La mère, cousines et tantes
Hormis Madame de Sourdis (2).

Au milieu des galanteries de son époux, que faisait la reine Marguerite? Assez jolie, elle s'adonnait à l'amour. Ses amants ne se comptaient pas. Dès l'âge de onze ans, elle commença à se donner, dit-on. Elle se servait d'une sorte de papier dont les marges étaient remplies de trophées d'amour. C'était le papier qu'elle employait pour ses billets doux. Elle « portait un grand vertugadin, qui avait des pochettes tout autour, en chacune desquelles elle mettait une boîte ou était le cœur d'un de ses amants trépassés; car elle était soigneuse, à mesure qu'ils mouraient, d'en faire

(1) Gayot de Pitaval. *Causes célèbres* etc., ouv. cité.

(2) Sauval (H.). *Galanteries des rois de France*. Paris, 1738, 2 vol. in-12.

embaumer le cœur. Ce vertugadin se pendait tous les soirs à un crochet qui fermait au cadenas, derrière le dossier de son lit (1). »

Au nombre de ses amants nous citerons La Môle, décapité en place de Grève en 1574; Saint-Luc, le gros Monsieur de Mayenne, voluptueux comme elle. Vînt ensuite le tour du vicomte de Turenne devenu éperdument amoureux de Marguerite. Elle « avait d'abord donné tous ses soins à cette conquête; mais elle s'en était aussitôt dégoûtée, soit qu'elle eût fait quelqu'autre amourette, ou qu'elle ne trouvât pas son amant propre à satisfaire sa lubricité (2). » Clermont d'Amboise le remplaça et, dit le *Divorce satyrique*, « la baisa maintes fois toute en jupe sur la porte de sa chambre. » Le seigneur de Pibrac la posséda également.

La reine de Navarre ne refusait ses faveurs à personne. Elle prenait aussi bien les grands seigneurs que ses secrétaires, chantres, domestiques.

Pour paraître plus blanche et plus belle, Marguerite « se couchait souvent dans des draps de taffetas noir, et sur un lit environné d'un nombre infini de bougies, le visage chargé de blanc et de rouge, avec une quantité prodigieuse de mouches (3). »

Le roi Henri, son époux, n'ignorait pas ses malheurs conjugaux. D'ailleurs, il était tellement habitué aux désordres de sa femme qu'une intrigue de plus ou de moins ne l'embarrassait que médiocrement. Il ne s'en souciait guère et n'éprouvait aucun scrupule à rappeler ces intrigues. Nous en avons le témoignage dans la correspondance qu'il entretint avec une de ses maîtresses, la comtesse de Guiche. Il écrivait avec une douce indifférence :

« Il me semble que j'ai bien des choses à vous dire, je suis si rempli de ce que je veux vous mander, que je ne sçai si c'est de mon amour ou de l'arrivée prochaine de ma chaste Margue-

(1) Tallemant des Réaux. *Historiettes.* Paris, 1861. 2e édition, 10 vol., in-16, T. I, p. 88.

(2) *Mémoire historique de la duchesse de Bar*, op. citée. T. I, p. 207.

(3) Idem, p. 208.

rite, que je dois vous parler tout mon penchant me porte à vous assurer que sa présence ne fera qu'augmenter mon ardeur. Hé quoi, une femme qu'on n'a jamais aimée et qu'il est trop tard d'aimer à présent, pourroit-elle suspendre les transports d'une passion aussi violente que la mienne ? on la verra plutôt renoncer à ses galanteries, que je ne renoncerai à mon amour. »

Voici une autre lettre conçue à peu près dans le même sens :

« Non, je ne connois rien de plus embarrassant ni de plus incommode, que de se voir auprès d'une femme qu'on n'aime point, et d'être éloigné d'une maîtresse qu'on adore. Il est vrai que je vous aime toujours : mais vous aimer sans vous voir et vous entretenir c'est pour moi un si grand redoublement de peines, que je me sens hors d'état d'y résister. Pestez bien contre ce bizarre effet de notre destinée, ma chère Comtesse, pour moi qui ne regarde les appas surrannez de ma chaste Lucrèce, que pour y trouver de nouvelles raisons de vous aimer, i'enrage dans toutes les formes, quand ie pense que vous ne me plaignez peut-être pas autant que ie le mérite. »

Dans cette troisième missive, Henri se montre railleur :

« Enfin, Madame, je suis jaloux et vous ne serez surprise que ce soit de la Reine, ma Royale Epouse. Il y a si long-tems que je dois être accoutumé à lui voir faire à son prochain des libéralitez de tendresse que vous ne manquerez pas d'avoir dépit de ma faiblesse, mais devineriez-vous bien à qui cette officieuse personne fait les yeux doux ? Au bon seigneur de Pibrac, Madame, le pauvre homme en a si fort perdu le sens qu'il ne se souvient plus de ses vénérables quatrains : Mais quoi l'amour a démonté des têtes bien meilleures que la sienne et i'aime si éperdûment, qu'à l'heure qu'il est ie ne sçai ce que je fais. Je vous parle de ma femme, quand je ne vous veux parler que d'amour. »

L'époux de Marguerite de Valois conserve ce ton moqueur dans le court billet ci-dessous :

« Nous approchons des siècles, Madame, et voici enfin le tems des Miracles. La Reine de Navarre, cette vertueuse Marguerite, que le feu roi Charles IX donnoit, disoit-il, à tous les Huguenots de son Royaume, en me la faisant épouser, qui a fait ses études sous Charrins et sous d'Antragues, et qui a renouvelé ses répétitions sous les Muletiers et les Chaudronniers d'Auvergne (1), vient de me dire qu'il ne tenoit qu'à moi qu'elle ne m'aimât, et j'en ai reçu un de ces baisers choisis qu'elle ne donne qu'avec prédilection. En vérité, j'ai honte pour vous qu'elle ait osé me dire que personne ne m'aime plus qu'elle : et si vous ne vous hâtez de la dédire, je serai peut-être réduit à le croire (2). »

Si le roi de Navarre acceptait de bon gré la fausse situation que lui créait sa femme; celle-ci ne se montrait pas moins indulgente pour les écarts de conduite de son époux. Un jour que ce dernier était couché dans la chambre de la reine, en un lit séparé, comme il avait coutume de le faire, on vint le prévenir que Fosseuse, sa maîtresse, était prise des douleurs de l'enfantement. Fort en peine à l'annonce de cette nouvelle, il résolut d'en avertir sa femme. S'approchant de son lit, il en ouvrit les rideaux et lui dit : « Ma mie, je vous ai célé une chose qu'il faut que je vous avoue; je vous prie de m'en excuser et de ne point vous souvenir de tout ce que je vous ai dit pour ce sujet; mais obligez-moi tant que de vous lever tout à l'heure pour aller secourir Fosseuse qui est fort mal; vous sçavez combien je l'aime; je vous en prie obligez-moi en cela (3) ». La reine se leva et se rendit auprès de Fosseuse tandis que le roi emmenait ses courtisans à la chasse pour que l'accouchement passât inaperçu. La bonne Marguerite poussa le dévouement jusqu'à faire ôter promptement Fosseuse du logement des filles pour la transporter dans une chambre écartée. Elle plaça auprès d'elle son médecin particulier ainsi que des femmes pour la servir en recommandant de la bien secourir. Peu après, Fosseuse mettait au monde une fille qui était morte (4).

(1) Allusion aux amours de la reine Marguerite avec un de ses chantres, du nom de Pominy, fils d'un chaudronnier d'Auvergne.

(2) *Mémoire historique de la duchesse de Bar*, ouv. cité, T. I, pp. 208-210.

(3) *Mémoires de la reine Marguerite.*

(4) *Mémoires de la reine Marguerite* — SAINTFOIX (de). *Essais historiques sur Paris*, ouv. cité, T. I, p. 278.

A la longue Henri et Marguerite se lassèrent de ces adultères mutuels. En novembre 1599, ils envoyèrent des requêtes au Pape pour solliciter l'annulation de leur mariage en prenant pour prétexte leur parenté au troisième degré. Le souverain Pontife accorda le divorce. Henri paya les dettes de sa femme et, par lettre-patente du 29 décembre, lui assura les titres et ressources dus à son rang.

Ne voulant pas conserver son foyer vide, Henri IV, vers la fin de 1600, convola en secondes noces avec Marie de Médicis. Grande et grosse femme, elle n'avait rien que de vulgaire malgré la blancheur de son teint. La fiancée avait vingt-sept printemps; son futur, quarante-sept. Avec une semblable différence d'âge, on pense bien qu'une fidélité excessive ne pût régner dans le ménage. Le roi de France continua d'avoir des maîtresses déclarées, des favorites secrètes. Il plaça même auprès de Marie de Médicis une de ses maîtresses en titre : la marquise de Verneuil. Cette conduite mortifia la reine qui murmura tout haut et s'en plaignit à sa nourrice et confidente Galli-Gaïe. Pour se consoler, Marie de Médicis ne trouva rien de mieux que de prendre des familiarités avec son écuyer, Concino Concini, né à Florence, qu'elle distinguait entre tous ses officiers. Henri IV qui n'avait jamais été jaloux de Marguerite de Valois ne s'avisa pas de le devenir de Marie de Médicis qui avait beaucoup moins de charmes. La reine qui aimait follement Concini craignit qu'il ne s'attachât à quelque fille aimable pour en faire la compagne de sa vie. Aussi, pour ne pas le perdre, lui fit-elle épouser sa confidente, Léonore Galli-Gaie, « la plus laide et la plus adroite de toutes les créatures (1). » On jasa beaucoup sur cette intrigue. Un jour que la reine sur le point de sortir demanda son voile, le comte de Lude dit à mi-voix : « Il ne faut pas de voile à un vaisseau qui est à l'*ancre*. » Quand Marie de Médicis devint grosse, ce propos courut dans Paris : « L'enfant de la reine ne sau-

(1) Caylus (comte de). *Souvenirs*. Paris, 1805, 2 vol. in-12, T. I, p. 241.

rait être blanc, car il est d'*encre* (1) ». Mlle du Tillet, écrit Tallemant des Réaux (2), disait de la reine lorsqu'elle accoucha « que c'était une vache qui avait fait un veau ». Pierre de l'Estoile a rapporté le propos d'un jésuite qui se trouvait à Prague lorsqu'on annonça la mort d'Henri IV. Comme on parlait du dauphin fils aîné du roi, comme son successeur depuis longtemps désigné, le religieux répliqua que ce ne pouvait être car il était bâtard comme tous les enfants de la reine (3).

Louis XIII se montra aussi réservé en matière amoureuse que son père avait été galant. Il fit même quelques difficultés pour le baiser conjugal. Anne d'Autriche, sa femme, était au contraire, sensuelle. Elle avait eu, au dire des chroniqueurs, plusieurs aventures romanesques. Elle correspondit maintes fois avec le duc de Buckingham et l'accueillit avec beaucoup d'égards lorsqu'il vint en France. Mais, celui-ci, dans sa fougue, gâta tout. « Il y eut bien des galanteries; mais ce qui fit le plus de bruit, ce fut, quand la cour alla à Amiens, pour se rapprocher de la mer, que Buckingham tint la reine toute seule dans un jardin. Le galant la culbuta, et lui écorcha les cuisses avec ses chausses en broderies; mais ce fut en vain, car elle appela tant de fois que la dame d'atours, qui faisait la sourde oreille, fut contrainte de venir au secours (4) ».

Après l'assassinat de Buckingham perpétré en 1628, Anne d'Autriche aima et se donna à Montmorency.

(1) Madame, duchesse d'ORLÉANS. *Correspondance complète* 2 septembre 1718. Publiée par G. Brunet. Paris 1855, 2 vol. in-18, T. I, p. 456.

(2) *Historiettes*, ouv. cité. T. I, p. 188.

(3) Après la mort d'Henri IV, la fortune de Concini s'accrut. D'abord gentilhomme de la Chambre du jeune roi Louis XIII, il devint ensuite marquis d'Ancre, gouverneur de Normandie et de la citadelle d'Amiens, puis maréchal de France et régent de France sous la minorité de Louis XIII. Et pendant que son époux était aimé de la reine, dit de Caylus, la marquise d'Ancre « qui avait toute la vanité qu'une femme venue de rien et qui se voit dans l'élévation est capable d'avoir, se baignait dans la joie. »

(4) TALLEMANT DES RÉAUX. *Historiettes*, op. cit. T. II, p. 10.

Ce puissant seigneur devait en 1632, porter sa tête sur l'échafaud dressé à Toulouse. Bien que séparée du roi depuis 1625, Anne d'Aufriche se trouvait enceinte au commencement de l'année 1631. L'accès de l'alcôve de la reine était, d'ailleurs, facile. Le cardinal de Richelieu tenta de perpétuer avec Anne d'Autriche la dynastie des Bourbons; mais elle lui refusa cet honneur et s'en fit un ennemi implacable. Pour éviter le châtiment de ses adultères, elle se vit forcée de recourir maintes fois à l'avortement. Danse, son apothicaire, était un habile praticien (1).

On prétend que le père du Dauphin, du futur Louis XIV, serait un jeune seigneur, M. le C. D. R. (2) avec lequel Anne d'Autriche avait dansé et flirté à un bal du cardinal de Richelieu. Ce dernier qui depuis vingt ans voyait le trône de France sans héritier aurait usé d'un subterfuge et introduit le C. dans la couche royale. Celui-ci tint son idole « embrassée avec une passion et une ardeur qu'on peut mieux penser que dire, que la reine fut tellement enchantée et sa résolution tellement vaincue qu'elle n'eut ni yeux, ni mains, ni souffle pour lui résister. Pendant que la reine est ainsi trahie, le C. ne trouvant aucune résistance, s'en donne à cœur joie, et offre à l'amour plusieurs sacrifices... La passion de la reine s'échauffant à mesure que les embrassements continuaient, elle devint une parfaite bigote en matière de plaisirs (3) ». Et neuf mois plus tard, le 5 septembre 1638, la France entière fêtait la naissance d'un Dauphin pendant que Louis XIII faisait rendre des actions de grâces. A ce moment là, bien qu'ayant le cerveau affaibli, le roi doutait de sa paternité, comme tout le monde en dou-

(1) GUÉNOT (Jean). *Les Orléans, princes et princesses*, 1640-1886. Paris, 1886, in-16, p. 17.

(2) Le comte de Rivière.

(3) *Les Amours d'Anne d'Autriche, épouse de Louis XIII, avec Monsieur le C. D. R., le véritable père de Louis XIV, aujourd'hui roi de France.* A Cologne, chez Pierre Mortreau, 1693, cité par Jean Hervez dans *Les Femmes et la Galanterie au XVIIe siècle.* Paris, 1907, in-8, p. 31, 15 fr. (H. Daragon, édit.)

tait dans son entourage. Malgré son rapprochement forcé avec la reine en décembre 1637, il crut, plutôt au miracle et refusa d'embrasser sa femme après l'accouchement, comme c'était l'usage.

La prétendue descendance de Louis XIII n'a donc d'autre berceau que l'adultère.

Louis XIV avait vingt-deux ans lorsqu'il épousa Marie-Thérèse d'Autriche à Saint-Jean-de-Luz, le 9 juin 1660. Sa passion dura peu au grand désespoir de la reine. Malgré son tempérament espagnol, Marie-Thérèse resta des plus vertueuses. Son époux au contraire, aima les femmes jusqu'à la débauche. Il ne les choisissait pas. Qu'importe qu'elles fussent dames de qualité, paysannes, femmes de chambre, filles de jardiniers, pourvu qu'elles montrassent un peu d'inclination pour lui.

Louis XIV commit sa première infidélité publique avec Louise-Françoise de La Vallière, « cette petite pute » comme la désignait Marie-Thérèse. Fille d'honneur de Madame, elle avait seize ans, de beaux yeux, mais de vilaines dents. C'est dans le jardin de Diane, à Fontainebleau, que le roi se déclara pour la première fois. C'est dans la forêt que, surpris par la pluie, le jeune roi « de son chapeau couvrit la tête de la jeune fille et la ramena au palais, bravant les yeux jaloux de la Cour (1) ». Les deux amants se virent ensuite fréquemment dans la chambre du comte de Saint-Aignan, confident de cette intrigue. Mme de Navailles, très jalouse, voulut un jour empêcher leurs effusions. Elle fit griller la chambre de la favorite privant ainsi le roi d'un moyen de pénétrer dans sa chambre par une voie qu'on lui avait ménagée par les toits. Le roi logea alors ouvertement sa maîtresse au palais Brion.

Ce fut à la suite d'un voyage du roi à Villers-Cotterets, que Mlle de La Vallière fut implicitement reconnue comme favorite. Elle s'installa tantôt à Versailles, Vincennes ou Saint-Cloud. Plusieurs enfants naquirent de leurs amours. Leur première fille reçut

(1) M. Lair. *Louise de La Vallière et la jeunesse de Louis XIV*, p. 60.

le nom de Mlle de Blois. Six mois après, la mère recevait le titre de duchesse de La Vallière avec la terre de Vaujour et la baronnie de Saint-Christophe érigées en duché-pairie.

Bien que le roi couchât presque toutes les nuits avec Madame de La Vallière, la plupart des dames de la Cour, Mme de Chevreuse, Mme de Luynes, la duchesse de Soubise, Mme de Soissons entre autres, s'ingéniaient pour plaire au monarque. Mais, il n'y prit garde et s'en divertit avec La Vallière.

Dans les premiers jours de juillet 1667, Mme de La Vallière mettait au monde le comte de Vermandois. Mais ses couches altérèrent profondément sa santé et sa fraîcheur. Aussi l'amour du roi s'affaiblit. Et le 20 juillet la duchesse comprit que son règne avait pris fin (1). La Vallière supporta quelque temps sa douleur; puis, vaincue, elle se réfugia chez les Carmélites où elle prit l'habit de religieuse sous le nom de sœur Louise de Méricode. La pauvre duchesse avait alors trente ans. Pendant trente-six ans elle vint dans un petit oratoire (2) gémir sur ses fautes en cherchant

(1) MOTTEVILLE (Mme de). *Mémoires*, T. IV, p. 278.

(2) Cet oratoire, style Louis XIII, se voyait encore rue Nicole, il n'y a pas très longtemps. Ce n'est en effet, qu'au cours du second semestre de l'année 1909 que l'irrévérencieuse pioche des démolisseurs l'a jeté bas. L'architecture en était sobre, mais élégante. Sur le fronton orné du monogramme de Jésus et de Marie se détachait une tête d'archange entourée de draperies de pierre. Cet oratoire, à la toiture finement dentelée, se dressait autrefois au milieu du parc ombreux du couvent des dames du Carmel. Construite au début du XVIIe siècle sur un ancien cimetière gallo-romain, la maison religieuse devint bientôt à la mode comme lieu de retraite. En femmes pratiques, les Carmélites firent construire en façade sur la rue d'Enfer de petits hôtels avec porte ouvrant sur le cloître, de sorte que les belles pénitentes avaient encore un pied dans le monde et l'autre sur le chemin du ciel. Au temps de Louis XIV, les jolies pécheresses de la Cour, telles la Montespan, la duchesse de Longueville, Mmes de Fontanges, de Chevreuse, de Bouillon, de Boufflers, vêtues de la robe de bure, se retirèrent après La Vallière, en cette « Thébaïde de Paris », — comme on disait alors — afin de pleurer leurs faiblesses passées.

Lorsque la duchesse de La Vallière y mourut en 1710, les Carmélites déposèrent son corps dans la petite chapelle où pendant tant d'années, elle s'était abîmée dans le repentir.

dans la solitude l'oubli de la passion et des dédains du Grand Roi.

Madame de Montespan, très intrigante, remplaça la duchesse de La Vallière. Ayant habilement préparé son accession, elle ne résista pas longtemps au roi. Préférant les caresses du Grand Alcandre à celles de son mari, elle ne voulut plus rien accorder à ce dernier. M. de Montespan qui aimait tendrement sa femme eut un tel désespoir qu'il se laissa emporter à la souffleter. Mme de Montespan lui répondit par des paroles grossières. S'étant plainte à son amant du procédé de son époux, M. de Montespan fut exilé. Il se retira avec ses enfants dans son pays proche des Pyrénées. Là, il se mit en grand deuil comme s'il avait véritablement perdu sa femme. Comme il était couvert de dettes, Louis XIV lui envoya deux cent mille francs pour le dédommager de la perte qu'il avait faite en la personne de son épouse.

Quand Madame de Montespan devint enceinte, quelque temps après, elle inventa une mode fort avantageuse pour cacher sa grossesse « qui fut de s'habiller comme les hommes, à la réserve d'une jupe sur laquelle, à l'endroit de la ceinture, on tirait la chemise que l'on faisait bouffer le plus qu'on pouvait, et qui cachait ainsi le ventre. C'est ce qu'on appelait les robes battantes. Mais comme elle les prenait à chaque grossesse, c'était comme si elle eût écrit sur son front ce qu'elle voulait cacher (1) ».

Le Grand Alcandre n'était pas seul à profiter des faveurs de la Montespan. Elle les partageait entre le duc de Lauzun et le maréchal de Noailles. Son influence s'étant amoindrie, elle songea pour sauvegarder sa situation à la Cour à offrir le rôle amoureux à

Peu de temps avant la Révolution il en fut retiré et enseveli dans le cimetière contigu à la communauté.

En 1790, l'enclos fut morcelé et l'église abattue. Sur leur emplacement on traça les rues Nicole et du Val-de-Grâce. Seul l'ancien tombeau de la duchesse de La Vallière, miraculeusement conservé, rappela jusqu'à ces derniers temps le souvenir de la communauté. C'est maintenant le néant.

(1) HERVEZ (Jean). *Les Femmes et la Galanterie au XVIIe siècle*, op. citée, p. 56.

sa nièce, la duchesse de Nevers. Mais la combinaison échoua. Le Grand Roi prit pour maîtresse Mlle de Fontanges à laquelle il donna le titre de duchesse et cent mille écus par mois. Après la mort de Madame de Fontanges, ce fut au tour de cette « vieille guenipe » de Maintenon d'entrer dans la couche royale. Elle fut la seule des maîtresses de Louis XIV qui eut une influence réelle sur la politique, mais combien prêtait-elle à la médisance par son origine obscure et ses mœurs dissolues. Après avoir eu de nombreux amants et ne pouvant plus satisfaire la passion du monarque, Madame de Maintenon, devint la procureuse de ses débauches. Elle avait alors cinquante ans et elle aurait, paraît-il, vers 1684, contracté un mariage de conscience avec le roi sur les conseils du Père La Chaise.

Louis XV se montra aussi débauché que son grand-père Louis XIV et pendant tout son règne mit l'adultère à l'ordre du jour. Le jeune roi était, au début, des plus timides avec les femmes. Quand on le maria à quinze ans avec la princesse polonaise Marie-Leczinska (1), on dut l'instruire de ses devoirs conjugaux. Il devait se rattrapper par la suite avec ses maîtresses, car les relations du ménage eurent toujours un ton sérieux avec une nuance d'ennui et d'embarras. Cette princesse, qui manquait presque de chemises au moment où elle fut appelée à recevoir la couronne de France, quoique d'un caractère gai, n'apporta dans l'union que l'obéissance, dans le mariage que le devoir, sans connaître ni les caresses, ni les coquetteries de son sexe (2). Elle ne sut pas conquérir le Roi par l'abandon, la tendresse, la séduction et, par cela même, incita son époux à se détacher d'elle, à se refugier dans le libertinage. « La reine était si rassasiée des

(1) Née en 1703, elle résidait dans la petite ville de Wissembourg où Stanislas Leczinski mena une existence précaire de 1719 à 1725 lorsque le duc d'Antin vint demander au roi détrôné de Pologne la main de sa fille pour Louis XV. Marie Leczinska n'en fut pas plus heureuse; mais la France y gagna la Lorraine après la mort de Stanislas.

(2) Vèze (Raoul). *La Galanterie Parisienne au XVIIIe siècle* Paris, 1905, in-8, p. 70. 15 fr. (H. Daragon, édit.)

plaisirs du mariage, que, ne souffrant le roi qu'avec douleur, elle lui témoignait déjà en 1737 une grande répugnance. Elle affectait de lui dire que ses périodes duraient beaucoup plus longtemps qu'elles ne duraient en effet... s'il se présentait le soir et qu'elle fût couchée, elle lui reprochait le vin de champagne et l'odeur qu'il donne; si elle n'était pas couchée, elle affectait d'allonger ses prières, jusqu'à ce que le roi s'endormît ou qu'il s'impatientât (1). »

A la longue, le roi se lassa de cette excessive froideur d'autant plus que certain soir la reine repoussa ses embrassements avec une telle répugnance que le monarque en fut blessé dans son amour-propre. Il jura de ne pas recevoir deux fois semblable affront.

Les courtisans jugèrent nécessaire de donner une maîtresse à Louis XV. Ils lui offrirent, tout d'abord, madame Portail; mais il la refusa net. Les courtisans jetèrent alors leur dévolu sur la comtesse de Mailly, dame du palais de la reine. Fille d'Armande de La Porte-Mazarin, cette mère impudique, elle n'était point jolie, la jeune comtesse; mais enjouée, spirituelle, caressante, faite pour aimer, elle possédait beaucoup de qualités pour plaire. Ils manœuvrèrent si bien que dès le second tête à tête le souverain la posséda. Persuadée qu'il ne faillait qu'assaillir pour triompher, elle l'agaça, par degré, recourant même aux attouchements des courtisanes les plus expertes. Elle sut si bien s'y prendre que le jeune prince dévoré soudain d'un furieux désir se livra à des assauts que pouvait seulement excuser la contrainte qu'il avait éprouvée. « Quand cette scène libidineuse fut finie, Madame de Mailly, enchantée de la vigueur de son vainqueur, sortit dans le désordre amoureux où elle était encore; et se représentant aux auteurs de l'ineffable volupté qu'elle avait goûtée, elle ne leur dit autre chose, quelle que fût leur curiosité d'apprendre ce qui s'était passé : Voyez donc, je vous en prie, comme ce paillard m'a accommodée ! (2) ».

(1) RICHELIEU (ducde). *Mémoires*. Paris, 1793, T. V. passim.

(2) *Le Parc au Cerf* (sic) *ou l'Origine de l'affreux déficit*,

La malignité populaire lança aussitôt ce couplet sur l'air de *La Béquille du père Barnabas* :

...Mailly, dont on babille
La première éprouva
La royale béquille
Du père Barnabas ! (1).

Tout entier à sa passion, le roi ne fit aucun mystère de ses désordres. Lorsqu'il résidait à Versailles et qu'il venait souper dans ses petits appartements, il passait quelquefois seul de sa chambre dans ses garde-robes et y restait deux heures. On ne doutait pas que Mme de Mailly n'y soit entrée par les passages secrets de la galerie des glaces, grâce à la complicité de Bachelier, premier valet de chambre du roi.

A Fontainebleau, on avait aménagé sous l'appartement royal, un logement meublé dont le roi avait la clef. On y accédait par un petit escalier qui se trouvait non loin de l'appartement offert à Mme de Mailly. Celle-ci assistait, paraît-il, aux soupers particuliers de la Muette, en compagnie de plusieurs seigneurs sans que d'autres femmes soient invitées (2).

Le comte de Mailly qui ne se souciait guère de sa femme et couchait rarement avec elle avant qu'elle ne se fût donnée à Sa Majesté s'avisa de lui reprocher ses infidélités. La réponse fut prompte. On lui défendit d'avoir aucun commerce avec elle, sous peine d'aller pourrir dans les infâmes cachots de Ham, en Picardie. Jugeant plus prudent de se taire, il se retira chez lui, non sans avoir touché les cinq cent mille livres qu'on lui avait promises pour livrer son épouse (3). De son côté, le marquis de Nesle, père de la favorite, feignit de critiquer cet infâme marché ainsi

par un zélé Patriote. A Paris, sur les débris de la Bastille, 1790, p. 13.

(1) BARBIER (E.-J.-F.). *Journal historique et anecdotique du règne de Louis XV*. Paris, 1847, 4 vol. in-8, T. II, novembre 1737, p. 179.

(2) BARBIER (E.-J.-F.). *Journal*, op. citée. T. II, p. 180.

(3) BOISSON (Marius). *La Petite Marquise*. Paris, 1904, in-12, p. 57,

que la conduite de sa fille. Pour lui fermer la bouche, on lui remit l'argent nécessaire pour mettre ordre à ses affaires qui étaient dans le plus mauvais état (1). Et c'est ainsi que ce « brave cornard » de marquis et bonhomme toute sa vie « ferma à demi les yeux sur l'achat de sa fille (2) ».

La comtesse aima vraiment Louis XV. Elle eut un véritable mépris de l'argent. Le roi ne l'en estima que davantage. Les chroniqueurs prétendent, cependant, qu'il lui versait 6,000 livres par mois.

On peut lui reprocher d'avoir entraîné le roi dans ces orgies crapuleuses dans lesquelles il se jeta sans aucune pudeur. En février 1738, certains bruits coururent à la Cour que le roi avait attrapé une *galanterie* que lui aurait passé la fille d'un boucher de Poissy ou de Versailles qu'il avait trouvée fort jolie et que Bachelier lui avait amenée. Les médecins obtinrent la guérison du roi qui dut prendre, paraît-il, « le lait au mois de mai ». On ne dit point comment Madame de Mailly se sera tirée de cette affaire, et si elle en aura eu sa petite part (3) ».

Madame de Mailly eu quelques petites jalousies sur une de ses sœurs, Madame de Vintimille, croyant que le roi l'avait *greluchonnée*. Ses craintes se trouvèrent justifiées. Certain jour qu'elle soutenait être plus blanche et moins sèche que Madame de Vintimille, le roi lui dit brusquement : « Ne pariez pas, vous perdriez (4) ».

Le monarque, en effet, captivé par le vif éclat de la jeunesse de Madame de Vintimille, la prit secrètement pour maîtresse. Celle-ci devint enceinte, vraisemblablement des œuvres du roi. Cette grossesse fut un problème. M. de Vintimille, qui vivait séparé de fait d'avec sa femme, tint à ce sujet ce discours cynique : « Je ne sais qui a pu faire cet enfant, ce n'est cer-

(1) *Le Parc au Cerf* etc., op. citée, p. 14.

(2) Boisson (Marius). *La Petite Marquise* déjà cit. p. 84.

(3) Barbier. *Journal*, op. citée. T. II. p. 188.

(4) Marquis d'Argenson. *Journal et Mémoires*, publiés par E.-J.-B. Rathery. Paris, 1859-1867, 9 vol. in-8. T. III. avril 1741, p. 286.

tainement pas moi, c'est ou le roi, ou le duc d'Agen, ou Forcalquier ou mon laquais Saint-Jean qui l'a prise pour mon c.. (1) ».

Le roi eût pour Madame de Vintimille plus d'attentions que si elle avait été une maîtresse déclarée.

En attendant sa délivrance, il la fit installer à Versailles dans le grand cabinet du cardinal de Rohan où on mit deux lits. Le roi s'intéressait tout particulièrement à la santé de la future mère (2). Lorsqu'elle fut accouchée, d'un garçon, le monarque lui rendit visite quatre à cinq fois par jour (3). Il soupait dans ses cabinets et allait encore la voir après (4). On mit du fumier depuis le haut de la rampe longeant l'aile neuve du château jusqu'en bas « et les trois jets d'eau qui sont dans le jardin vis-à-vis l'aile neuve ne jouent plus parce qu'ils faisaient trop de bruit (5) ».

Tous ces soins que Louis XV prodigua à Madame de Vintimille confirmèrent les soupçons que l'on concevait au sujet de leurs relations. De son côté M. de Vintimille ne cessait de répéter qu'il n'avait pas la moindre part à cet enfant (6). Il fut donc père malgré lui.

Les plus belles destinées attendaient évidemment Madame de Vintimille lorsqu'elle mourut le 9 septembre 1741, à sept heures du matin peu de jours après sa délivrance. « On peut dire que c'est une méchante bête de moins, et surtout une puante bête (7) ». Elle avait pris la maladie que l'on appelait *milliaire* en

(1) Marquis d'ARGENSON. Idem. T. III. avril 1741, p. 286.

(2) Duc de LUYNES. *Mémoires sur la Cour de Louis XV* (1735-1758), publiés par L. Dussieux et Eud. Soulié. Paris, 1860-1865. 17 vol. in-8. T. III. septembre 1741, p. 470.

(3) Marquis d'ARGENSON. *Journal et Mémoires.* T. III, septembre 1741, p. 384.

(4) Duc de LUYNES. *Mémoires*, ouv. cité. T. III, septembre 1741, p. 471.

(5) Duc de LUYNES. *Mémoires*, op. citée. T. III, septembre 1741, p. 470.

(6) Marquis d'ARGENSON. *Journal et Mémoires*, ouv. cité, T. III. septembre 1741, p. 383.

(7) Marquis d'ARGENSON. *Journal et Mémoires*, op. citée, T. III, septembre 1741, p. 385.

Piémont, à laquelle les femmes en couches étaient plus sujettes que les autres. On ne connaissait presque pas cette maladie en France. Sa dénomination lui vint de ce qu'il se produisait sur la peau une éruption de boutons gros comme des grains de millet.

Privé de cette maîtresse, Louis XV jeta alors ses regards sur la duchesse de Lauraguais, autre sœur de Madame de Mailly. De grande taille et d'un embonpoint favorable aux attouchements, la duchesse avait la gorge ferme, « les fesses rebondies »; mais sa figure était commune. Par un raffinement de débauche, le roi désira un jour coucher entre les deux sœurs dont les corps ainsi que leur esprit devaient, disait-il, offrir un constrate parfait. Madame de Mailly consentit, non sans regret, à cette fantaisie de son amant. « Mais, si la duchesse de Lauraguais lui fit goûter la nuit des plaisirs que ne pouvait lui procurer sa maigre sœur, sèche, et n'ayant, pour ainsi dire, que la peau sur les os, celle-ci dans le jour reprenait ses droits, et bientôt le Roi se dégoûta d'une jouissance purement matérielle (1) ».

Il n'en fut pas de même de la marquise de la Tournelle, la plus jeune des sœurs de la comtesse de Mailly. Fort jolie, de taille élégante, son regard piquant frappa le roi qui l'admit à partager sa couche. Elle réussit à supplanter définitivement sa sœur en exigeant son renvoi public. Madame de Mailly qui avait tant aimé son amant apprit sa disgrâce avec une vive douleur qu'elle alla cacher dans le recueillement et la prière. Le roi lui donna un hôtel rue Saint-Thomas du Louvre, ordonna qu'on payât toutes ses dettes et lui servit une pension de quarante mille livres. Elle n'en conservait qu'une faible partie faisant distribuer le reste aux indigents. On raconte qu'entrant un jour dans l'église Saint-Roch, plusieurs personnes se dérangèrent pour lui faire place. Un homme grossier, choqué de ces prévenances, s'écria :

— Voilà bien du bruit pour une put...

(1) *Le Parc au Cerf* ouv. cité, p. 21.

— Monsieur, répondit-elle avec douceur, puisque vous la connaissez, priez Dieu pour elle (1).

La marquise de la Tournelle, en femme pratique, demanda ensuite que son titre de marquise soit converti en celui de duchesse de Chateauroux avec les honneurs et les distinctions attachés à cette dignité. Elle obtint enfin de son amant qu'on lui réservât un sort en rapport avec son rang (2).

Elle en arriva à tenir le roi dans une telle dépendance que s'il se présentait la nuit à sa porte sans avoir convenu d'un rendez-vous, elle affectait de ne pas l'entendre gratter. Et le lendemain, elle écrivait au duc de Richelieu : « Je l'ai bien entendu gratter à ma porte; mais il s'est retiré quand il a vu que je restais dans mon lit. Il est bon qu'il s'y accoutume (3). » Elle obligea même le roi à assister à ses bains. Ce prince s'y rendait avec ses courtisans. Pénétrant seul dans le salon et laissant ceux-ci dans la chambre il causait avec eux par la porte entr'ouverte. Quand la sultane avait pris son bain, elle se mettait au lit et se faisait servir à diner. Tout le monde était alors admis dans sa chambre et assistait à son souper en se tenant debout tandis que le roi restait assis (4).

La duchesse de Châteauroux, ivre de plaisirs, comblée de faveurs, rayonnait, lorsqu'un évènement inattendu vint assombrir son existence. En août 1744, le roi tomba gravement malade à Metz, attaqué par une fièvre maligne et putrique, attribuée surtout aux excès amoureux, à l'usage immodéré du champagne et des liqueurs fortes. La duchesse resta constamment au chevet de son amant.

Avant de donner les derniers sacrements au monarque l'évêque de Soissons, premier aumônier de Sa Majesté, exigea qu'il éloignât celle qui tenait une si

(1) Gaston Duchesne. *Mademoiselle de Charolais, Procureuse du Roi.* Paris, 1909, in-8, p. XI (15 fr. H. Daragon, édit.)

(2) *Le Parc au Cerf,* ouv. cité. p. 23.

(3) Vèze (Raoul). *La Galanterie Parisienne au XVIIIe siècle,* ouv. cité, p. 84. (H. Daragon, édit.)

(4) Duc de Richelieu, *Mémoires.* 1793, ouv, cité, T. VI, p. 119.

grande place dans son cœur. Louis XV s'y résigna. Ce fut au comte d'Argenson qu'échut la mission de prévenir la duchesse. Il s'en acquitta avec une excessive dureté.

Ce brusque renvoi donna lieu à ce couplet composé sur l'air de « La pelle au cul ».

La paille au cul,
Vous partez donc grande duchesse,
La paille au cul.
Qui de nous l'aurait jamais cru ?
Que Louis rempli de tendresse
Renverrai un jour sa maîtresse
La paille au cul ! (1).

Madame de Châteauroux apprit avec fermeté, la fin de son règne. La favorite déchue, jetant un regard de fierté et de mépris sur les personnes qui l'entouraient, monta en carrosse en compagnie de sa sœur, la duchesse de Lauraguais. Le véhicule partit au galop pour Paris. Il devait bientôt ralentir son allure. Les superstitions populaires accusèrent, en effet, Madame de Châteauroux d'être la cause de la maladie du roi. Le peuple voulut l'en rendre responsable et, apprenant son départ précipité, l'attendit au sortir de la ville où il l'accueillit par des huées, des injures, des menaces. La populace l'accabla ainsi aussi loin qu'elle put. Dans les campagnes, les villageois s'assemblèrent également pour faire un mauvais parti à la duchesse. Elle faillit maintes fois être mise en pièces. « Il lui fallut prendre des précautions infinies ; lorsque la voiture approchait de quelque ville, bourg ou village, la duchesse était obligée de s'arrêter à plus d'une demi-lieue de distance, d'où, détachant quelqu'un de sa suite pour prendre les relais, reconnaître les faux-fuyans, elle tâchait de se dérober à la rage des villageois (2). » Elle parcourut ainsi plus de vingt lieues avant d'arriver à Paris où le peuple manifestait sa joie en chantant sur l'air de « Ton humeur est, Catherine » :

(1) MAUREPAS. *Recueil*. T. VI, p. 78.
(1) *Le Parc au Cerf*. op. citée. p. 39,

Châteauroux est renvoyée,
Quelle bénédiction !
Sa grandeur est éclipsée,
Chantons-en le *Te Deum.* (1)

Lorsque le roi, revenu à la santé, rentra dans sa capitale, il fit appeler la belle duchesse. Elle résista à la tentation et se fit prier « si bien que le roi lui même s'échappa en secret des Tuileries pour aller la voir chez elle rue du Bac, lui présenter ses excuses et la supplier de renouer (2). » Elle accéda aux désirs de Louis XV, mais obtint le renvoi des hommes qui avaient le plus contribué à sa perte.

L'altière duchesse exigea même la disgrâce de Maurepas; mais Louis XV ne put se résigner à se séparer de son ministre. Il consentit seulement à ce que sa maîtresse l'humiliât. Maurepas se rendit donc chez la duchesse pour la prier au nom du roi de venir reprendre sa place à la Cour. Il la trouva au lit, enrhumée et lui fit la commission de son maître. Madame de Châteauroux considéra longtemps Maurepas sans un salut, sans une parole. Puis elle répondit qu'elle irait remercier le roi dès qu'elle serait rétablie. « Et Maurepas s'empressa de s'excuser et descendit jusqu'à lui baiser la main (3). » Ce triomphe devait être le dernier. Elle n'en jouit que quelques jours seulement.

Le 25 novembre 1744, elle avait été rétablie dans ses charges et ses honneurs. Mais frappée d'une fièvre à la suite d'un brusque arrêt dans ses règles, elle dut conserver le lit. La maladie progressa rapidement et le mercredi 8 décembre la mort faisait son œuvre à cinq heures du matin. La duchesse avait vingt-sept ans. Le bruit courut que la faction des Maurepas l'avait empoisonnée. Dans son délire, d'ailleurs, Madame de Châteauroux avait été poursuivie par le cauchemar d'un empoisonnement auquel elle mêlait le nom de

(1) MAUREPAS. *Recueil,* ouv. cité. T. VI, p. 79.

(2) VÉZE (Raoul). *La Galanterie Parisienne au XVIIIe siècle,* op. citée, p. 86. (H. Daragon, édit.)

(3) DUCHESNE (Gaston). *Mademoiselle de Charolais, Procureuse du Roi.* Paris, 1909, in-8, p. 165. (15 fr. H. Daragon, édit.)

Maurepas. Il semble plutôt que la mort doive être attribuée à un transport au cerveau « On dit que c'est un dépôt dans la tête, causé par une suppression des règles, que l'on attribue au chagrin de sa disgrâce ou à la joie de son rétablissement. » Certains pensèrent aussi « qu'elle trouva la mort, le 8 décembre, dans l'excès de la joie qu'elle éprouva dans les embrassemens du Roi non moins empressé qu'elle, et pour s'être dégarnie, baignée et parfumée dans un temps critique (1) ».

Cette perte affligea profondément Louis XV. Les plus jolies femmes de la Cour, et même celles qui n'en étaient pas, se mirent sur les rangs pour succéder à la défunte duchesse. Ce fut sans succès. On désespérait de voir le monarque contracter une nouvelle liaison lorsqu'en février 1745, celui-ci s'étant rendu à un bal travesti, donné à l'Hôtel-de-Ville, un beau masque vint l'agacer, le lutiner. Aguiché par le désir, il voulut connaître la charmante inconnue. Après des résistances convenables, la belle consentit à dévoiler son gracieux visage. Ce n'était autre que Jeanne Poisson, femme du fermier général Le Normand d'Etioles, neveu de l'amant de sa mère, qu'elle avait épousé pour avoir un nom présentable. Elle était fille d'un boucher des Invalides, personnage crapuleux, vil, et grossier. Sa mère, qui comptait parmi les femmes les plus dévergondées de l'époque « après avoir trafiqué de ses charmes, avait compté sur ceux de sa fille, et à force de lui dire qu'elle était un morceau de Roi, lui avait inspiré le désir d'être la maîtresse du monarque (2). » Ce désir devint tellement impérieux qu'elle ne négligea aucune occasion pour le satisfaire. Depuis la mort de la duchesse de Châteauroux, elle ne manquait pas une chasse royale et cherchait, par tous les moyens, à attirer les regards de Louis XV.

Le roi qui l'avait remarquée maintes fois la reconnut dès qu'elle se fût démasquée. Il n'en devint que plus amoureux. Mais, elle, par coquetterie, se jeta

(1) *Le Parc au Cerf* etc., op. citée, p. 42.

(2) *Le Parc au Cerf* etc., op. citée, p. 52,

dans un groupe de déguisés tout en restant en vue. Dans sa précipitation, elle laissa tomber, volontairement sans doute, un mouchoir qu'elle tenait à la main. Louis XV le ramassa. Ne pouvant le remettre à la jeune femme parce qu'elle était trop loin, il le lui lança galamment. Un murmure s'éleva aussitôt dans la salle de bal. On chuchotait : « Le mouchoir est jeté ! (1) ».

Des rendez-vous furent alors ménagés, soit à Versailles, soit rue Croix-des-Petits-Champs par Binet, valet de chambre du roi et parent de Madame de Tencin. Madame d'Etioles ne vint s'installer à Versailles que vers le milieu d'avril 1745, époque où Louis XV la déclara maîtresse en titre. Elle occupa l'appartement de Madame de Mailly et le monarque y vint souper en compagnie de la duchesse de Lauraguais, la marquise de Bellefonds, des ducs d'Ayen, de Richelieu et de Boufflers (2). Puis, le roi la créa marquise de Pompadour. Son règne de favorite dura jusqu'au 15 avril 1764, date où la mort vint la surprendre à l'âge de quarante et un ans.

La nomination de la marquise de Pompadour à la place de dame du palais de la reine offensa la dignité autant que la sensibilité de Marie Leczinka. Un jour la favorite entra chez la souveraine tenant dans ses bras dégantés, par signe de respect, une superbe corbeille de fleurs. L'épouse de Louis XV admira tout haut la beauté de la marquise semblant justifier le goût du roi. Elle vanta ses beaux bras, son teint, ses yeux sur un ton de supériorité qui rend les éloges plus offensants que flatteurs. Marie Leczinska, désirant entendre cette voix et ce talent dont la Cour du roi avait été charmée au spectacle des petits appartements, pria Madame de Pompadour de chanter. La marquise tenant toujours sa volumineuse corbeille sentit combien cette invitation était désobligeante. Elle tâcha de s'excuser de son mieux. La reine finit par le lui ordonner. La marquise s'exécuta en choisis-

(1) *Le Parc au Cerf* etc., op. citée, p. 53.

(2) BARBIER. *Journal*, op. citée, T. IV, p. 32.

sant le monologue d'Armide : *Enfin il est en ma puissance.* Toutes les dames présentes à cette scène durent composer leur visage en remarquant l'altération des traits de Marie Leczinska (1).

A peine installée à la cour la marquise eut à lutter contre l'hostilité ouverte du Dauphin et de ses partisans. Lorsqu'elle lui fut présentée pour la première fois le Dauphin tira la langue en lui donnant l'accolade de cérémonie. Un autre jour, à Marly, elle trouva sous sa serviette ce quatrain attribué au comte Maurepas :

> La marquise a bien des appas;
> Ses yeux sont vifs, ses grâces franches
> Et les fleurs naissent sous ses pas :
> Mais, hélas ! ce sont des fleurs blanches.

Le roi en rit; mais la marquise ne pardonna pas, d'autant plus affectée que l'on révélait à toute la France une infirmité secrète que son amant ignorait complètement (2).

Malgré toutes les attaques dont elle fut l'objet, la marquise domina toujours Louis XV. Cependant la satire ne désarma pas. Madame de Pompadour avait à peine fermé les yeux pour son dernier sommeil que ses ennemis jetaient sur sa tombe entr'ouverte ces courtes épitaphes :

> a) *D. D. Joannis Poisson Epithaphium.*
> *Hic piscis regina jacet, quæ lilia succit*
> *Per nimis; an mirum si floribus occubat albis* ?

Ce qui veut dire :

« Ci-gît reine Poisson, qui suça trop avidemment les lis royaux; quoi d'étonnant si elle succombe sous les fleurs blanches? »

> *b)* Ci-gît qui fut quinze ans pucelle.
> Vingt ans P...n, puis huit ans Maq... (3).

(1) CAMPAN. (Mme) *Mémoires*. Paris, 1822, 3 vol. in-8, T. III, Anecdotes, p. 63.

(2) *Le Parc au Cerf* etc., ouv. cité, p. 63.

(3) *Le Parc au Cerf* etc., ouv. cit. p. 99.

La mort de la marquise n'affecta guère Louis XV. Après quelques passades sans intérêt avec des femmes de la Cour, des bourgeoises, des grisettes; l'attention du roi se fixa sur Jeanne Bécu, fille naturelle d'Anne Bécu, femme des plus dévergondées que lui présenta Le Bel, confident de ses plaisirs secrets. Le roi trouva qu'elle lui procurait des plaisirs nouveaux. Il éprouva de telles jouissances avec elle, qu'il en témoigna sa satisfaction au duc de Noailles. Ce courtisan ne put s'empêcher de lui répondre : « Sire, c'est que nous n'avez jamais été au b... (1) »

Louis XV enchanté de sa nouvelle conquête, ordonna de la marier promptement pour l'installer à la Cour. On rédigea pour la circonstance un acte de naissance en lui donnant pour père légitime Jean-Jacques Gomart de Vaubernier. C'était un petit commis des Fermes, un de ces « rats de cave » comme on les appelait parce qu'ils y descendaient souvent pour visiter les vins et autres boissons. Et le 1er septembre 1768, Jeanne Gomart de Vaubernier épousait le comte Guillaume Dubarry, officier des troupes de la marine, frère d'un de ses amants. Elle avait désormais un titre.

Au lendemain de l'union, le mari retournait à Toulouse et la femme se rendait à Versailles où elle occupa un appartement du château situé au deuxième étage, au-dessus de celui du roi.

Ainsi le monarque foula aux pieds toutes les convenances. Les scènes privées entre les deux amants furent des plus extravagantes. Une fois, Madame Dubarry, en présence du roi et d'un notaire, sortit nue de son lit et se fit donner une de ses pantoufles par le nonce du pape et l'autre par le grand aumônier. « Et les deux prélats s'estimaient trop dédommagés de ce vil et ridicule emploi en jettant un coup d'œil fugitif sur les charmes secrets d'une pareille beauté (2) ». Un autre jour la favorite fit fouetter en sa présence par ses femmes de chambre la jeune marquise de Roses,

(1) *Le Parc au Cerf* etc., op. cit. p. 152.
(2) *Le Parc au Cerf* etc., op. cit. p. 172.

sous prétexte que le roi avait dit d'elle en riant pour quelque manque d'égards : « Bon c'est une enfant propre à recevoir le fouet. » Et les deux femmes s'embrassèrent ensuite en s'unissant plus étroitement que jamais. Ce fut encore la Dubarry, qui tint ce propos dans son lit pendant que le roi préparant son café se trouvait distrait par quelque objet : « Eh, eh ! prend donc garde, la France, ton caffé f... le camp (1) ». Et le petit-fils de Louis XIV de lui répondre : « Je m'en fiche, après moi le déluge ! (2) ».

Ce fut un gros scandale à la Cour. Il devait s'accroître encore et ne cesser qu'à la fin du règne de Louis XV.

Son petit-fils et successeur, Louis XVI, se montra plus chaste. Il ne commit qu'une infidélité à la reine et encore peut-il être excusable. Le comte d'Artois avait acquis à vil prix la magnifique terre de Brunoy et y donna deux fêtes splendides, deux véritables saturnales. C'est au cours de la seconde de ces orgies que Louis XVI sortant de table, vers onze heures du soir, « la tête échauffée de champagne », se trouva nez à nez avec une jeune femme dans un corridor assez obscur. Il « la saisit au corps et jouit de ses faveurs ; c'était la femme de chambre de Carline ». Louis XVI voulut se retirer aussitôt après ; mais la fille, feignant d'ignorer que ce fut le roi, le retint par le bas de son habit et lui réclama la petite gratification d'usage : « Vous mettrez cela sur le mémoire », dit Louis XVI en se dégageant. M. Pigeon de Saint-Paterne garantissait le fait en le racontant. En 1791, Mademoiselle Adeline, du théâtre Italien, rapportait la même anecdote chez madame de Sainte-Amaranthe. Seulement, elle se prétendait l'héroïne de l'aventure, qui disait-elle, « avait été arrangée de manière que le roi ne put l'esquiver (3) ».

(1) *Le Parc au Cerf*, etc. vol. cit., p. 173.

(2) Donati (Béatrix). *L'Amour à travers les âges*. Paris, 1904, in-16, p. 182.

(3) *Souvenirs du Comte de* Montgaillard, agent de la diplomatie secrète pendant la Révolution, l'Empire et la Restauration, publiés d'après des documents inédits par Clément de Lacroix. Paris, 1895, 2e édit., in-8, pp. 80, 81.

Quant à Marie-Antoinette, si l'on en croit les écrits de l'époque, sa réputation ne serait pas exempte de critiques. On jasait beaucoup sur sa retraite voulue de Trianon où elle cherchait « à jouer à la bergère dans des étables de marbre, dans des chaumières truquées, parmi un village d'opéra-comique (1) ». N'était-ce pas, disait-on, sinon pour commettre des orgies qu'elle s'y retirait? On insinuait même qu'elle avait des amants On citait Barnave, Pétion, Le Chapellier, le ministre Dupont du Tertre, jusqu'à un prélat : M. de Juigné, appelé, sans vergogne, « archevêque lubrique » et « bougre mitré » (2).

Ne disait-on pas dans certains milieux que Madame était la fille du comte d'Artois et que les deux dauphin avaient pour pères : le premier, le duc de Coigny, le second, le comte de Fersen. « En 1794, le baron de Breteuil parlait de la bâtardise des enfants du roi, comme d'une chose avérée «. En 1821, Louis XVIII, irrité de la hauteur, de l'obstination que mettait la duchesse d'Angoulême à exiger plusieurs nominations d'emplois, se serait écriée avec sa grossièreté coutumière : « Sortez, Madame, de ma présence; je vous exilerais, à cent lieues de Paris, si je n'avais égard pour la mémoire du roi Louis XVI, *votre oncle* (3) ».

Le nom de Lafayette fut également mis en avant. La reine elle-même s'en serait ainsi confessé : « Je ne crains pas d'en faire l'aveu, je lui laissai prendre sur mes appas tout ce qu'il voulut, je me prêtai à tout, de la meilleure grâce du monde, et je ne serais pas étonnée, s'il résultoit, de nos épanchements amoureux, un rejetton du vainqueur américain » (4). Que faut-il

(1) Fleischmann (Hector). *Les Pamphlets libertins contre Marie-Antoinette.* Paris, 1909, in-16, p. 62.

(2) Fleischmann (Hector). Idem, p. 281.

(3) *Souvenirs du Comte de* Montgaillard, vol. cit., pp. 128, 129.

(4) *La Confession de Marie-Antoinette ci-devant reine de France au peuple franç...* p. 12, cité par M. Hector Fleischmann dans son très intéressant volume *Les Pamphlets libertins contre Marie-Antoinette*, ouv. cit. p. 282.

croire? Car, il y a lieu de tenir compte de ce que ces bruits sont consignés dans des pamphlets fort violents contre la reine et par cela même sujets à caution.

Les présomptions seraient plus sérieuses à l'égard de Billon, Bézenval, Coigny, Lauzun qui formaient la compagnie habituelle de la souveraine, sans oublier le beau Fersen qui conduisit la berline dans la fuite vers Varennes. Certaines lettres permettent de douter du caractère purement amical, platonique, des relations de la reine avec les personnages en question. Cependant aucune preuve décisive n'a été apportée jusqu'à présent par les détracteurs ou les défenseurs de la reine. Pour nous, l'infortunée Marie-Antoinette fut sans doute frivole, légère; mais peut-être pas adultère. Le milieu dans lequel elle vécut pourrait porter à l'indulgence. Sa captivité et sa mort rachetèrent ses torts, réhabilitèrent son nom et son rang. « Courtisane sur le trône, elle devient reine dans les fers et sur l'échafaud (1) ». Sa modestie était, d'ailleurs, extrême dans tous les détails de sa toilette intérieure. « Elle se baignait vêtue d'une longue robe de flanelle boutonnée jusqu'au col et tandis que deux baigneuses l'aidaient à sortir du bain, elle exigeait que l'on tînt devant elle un drap assez élevé pour empêcher ses femmes de l'apercevoir (2) «. Cependant, ajoute Mme Campan, un nommé Soulavie a osé écrire dans un ouvrage des plus scandaleux que la reine était d'une effroyable immodestie; qu'elle se baignait nue et qu'elle avait reçu dans cet état un ecclésiastique vénérable. » N'y a-t-il pas confusion avec l'anecdote sur la Dubarry que nous avons rapportée plus haut?

Quoi qu'il en soit, la question des adultères de Marie-Antoinette n'en reste pas moins posée.

(1) *Souvenirs du comte de* MONTGAILLARD, vol. cit., p. 128.

(2) CAMPAN (Mme). *Mémoires*, op. cit., T. I, chap. IV.p. 105

CHAPITRE IV

LE COCUAGE A LA COUR ET A LA VILLE

LES BELLES PÉCHERESSES DE LA COUR. — DIANE DE POITIERS ET FRANÇOIS Ier. — LE « PÈRE DES LETTRES » ET L'AMOUR. — LA BELLE FERRONNIÈRE. — BIJOUX PRÉSERVATEURS. — CORDONS DE SOIE ET CHEMISES « EN COUPS DE CISEAUX ». — L'AMOUR MÉDECIN. — CADENAS ET CEINTURES DE CHASTETÉ. — LES DÉBORDEMENTS A LA COUR DE LOUIS XIV. — LA RÉGENCE GALANTE. — UN « BEAU MORCEAU DE CHAIR FRAICHE ». — LA BELLE MADAME D'AVERNE. — LES PROFITS DU MARI. — LE DON JUAN DE RICHELIEU. — MADAME DE LA POUPELINIÈRE ET LA CHEMINÉE TOURNANTE. — DEUX MÉNAGES BIEN UNIS. — LA PRÉSIDENTE PORTAIL. — L'IMPÉTUOSITÉ DE LA DUCHESSE DE CHARTRES. — FOLIE ÉROTIQUE DE GRANDES DAMES. — UNE FEMME VERTUEUSE. — DEUX RIVALES. — LES OREILLES DE M. DUGAZON. — MARIS NAIFS OU DÉBONNAIRES. — UN PSEUDO-VOLEUR. — LA CULOTTE RÉVÉLATRICE. — L'AMOUR ET LE COSTUME SOUS LA RÉVOLUTION. — L'ASTUCIEUSE DE BOULENOIS. — LA BELLE DAMIER DE SAINTE-AMARANTHE. — UNE FEMME CHANGEANTE : SUZANNE GIROUST. — LA SUAVE EMILIE DE SARTINE. — SAINT-JUST COMPLICE D'ADULTÈRE. — LA PASSIONNÉE COMTESSE DE BALBI. — UNE PRISE DE TABAC SUR DEUX SEINS. — DEUX FOIS COCU. — SIMPLICITÉ DE MŒURS.

Si les princesses royales s'adonnaient librement au péché d'adultère, les grandes dames de la Cour et de la Ville, n'étaient pas moins décriées pour leurs mœurs. Nombre d'entre elles lachèrent la bride à la concupiscence, à tel point « que les femmes dissolues dirent d'ordinaire que leur métier ne valait plus rien depuis que les honnêtes femmes s'en mêlaient (1) ».

Sous le règne de Philippe de Valois, les femmes étaient si libertines que Jehan de Meung, continuateur de l'œuvre de Guillaume de Lorris, le *Roman de la rose*, ne put s'empêcher de publier ces quatre vers dans son ouvrage :

> Touttes estes, serés ou fustes
> De fait, ou de volonté, putes,
> Et qui très bien vous chercheroit
> Touttes putes vous trouveroit (2).

Les belles pêcheresses s'en irritèrent. Celles de la Cour, du consentement de la reine, ourdirent le projet de fouetter le poète la première fois qu'elles le rencontreraient au Palais du Louvre. A quelques jours de là, le hasard favorisa leurs désirs. Moitié en riant, moitié en colère, elle se saisirent de leur ennemi, le dépouillèrent de ses vêtements et se mirent en devoir de le corriger. Voyant qu'il ne pouvait résister devant le nombre, il leur demanda comme grâce que la plus p....n d'entre elles lui administrât le premier coup. Les verges tombèrent aussitôt des mains. Jean de Meung en profita pour s'enfuir, mais il ne manqua pas de se railler de la colère de ses rivales et de les exposer à la risée populaire.

Philippe de Valois trouva cette aventure si plaisante qu'il la fit représenter sur une tapisserie que Brantôme a vue au garde-meuble du Louvre et que Sauval croit avoir remarquée.

Sous Charles VI, le duc d'Orléans débauchait la plupart des grandes dames de la Cour. Un matin qu'il en avait une couchée à ses côtés, le mari vint par hasard, lui souhaiter le bonjour. En l'entendant

(1) SAUVAL (H.). *La Chronique scandaleuse de Paris, chronique des mauvais lieux*, publiée pour la première fois d'après le manuscrit original de la Bibliothèque Nationale. — Fonds Baluze, n° 232, avec une introduction et des notes par le bibliophile JEAN. Paris, 1910, in-8 p. 114 (15 frs, H. Daragon, édit.)

(2) SAUVAL (H.). *Le B... de la Cour et de Paris*, manuscrit original (collection H. Daragon).

venir, le duc cacha le visage de sa maîtresse en découvrant tout le corps, le laissant voir à nu. Il permit au mari de le toucher à son aise, mais lui défendit sous peine de mort de soulever le voile qui cachait la figure. « Et le bon fut que le mari étant la nuit d'après couché avec sa femme, lui dit que d'Orléans lui avait fait voir la plus belle femme nue qu'il eut jamais vue ; quant au visage, il n'en scavoit que dire, ayant toujours été caché sous le linge (1). » La dame n'était autre que Mariette d'Enghien et son mari le sire de Canni de Varennes. De ce commerce adultérin avec le duc d'Orléans naquit le comte de Dunois.

Jacques de Brézé, comte de Maulevrier, sénéchal de Normandie, avait épousé Mme Charlotte de France que les registres du Conseil du Parlement de Paris appellent tantôt fille naturelle de Charles VII, tantôt sœur naturelle de Louis XI. Or, il advint, en 1474, que son mari l'ayant trouvée couchée avec son veneur, la tua avec son amant. Le comte exerça d'abord sa vengeance sur son rival ; puis sa femme s'étant blottie sous le lit de plumes de leurs enfants, il la força à sortir de sa cachette et lui passa son épée au travers du corps, malgré ses supplications et ses pleurs (2)

Quarante ans après ce drame, leur fils, Louis de Brézé, héritier des titres de comte de Maulevrier et de sénéchal de Normandie, bien qu'ayant atteint la soixantaine, unit ses jours à Diane de Poitiers, spirituelle et agréable, alors pleine de jeunesse et de beauté.

Les deux époux résidaient au manoir d'Anet. Un jour, sur le point de partir guerroyer en Espagne, une pensée horrible traversa l'esprit du gentilhomme : « Si sa femme venait à le tromper. » Il songeait : « Elle est belle et jeune, moi, je suis vieux et laid ». Pour la détourner de cette tentation, il prit tendrement sa douce moitié par la main et la conduisit devant le portrait de sa mère. Le lui montrant, il dit d'une voix grave : « Il n'y a qu'une raison au monde, une seule,

(1) Brantome. *Vies des dames galantes.* op. cit. DiscoursI.
(2) Sauval. (H.) *Le B...l de la Cour et de Paris*, ouv, cit.

rappelez-le-vous bien, pour laquelle un mari puisse tuer sa femme... et c'est cette raison qui fait que, tous les ans, je prie Dieu pour le repos de l'âme de Mme Charlotte de France, ma mère, tuée par Jacques de Brézé, mon père, le 6 mai 1474 ». (1)

Et il partit. La campagne finie, en 1523, il gagna en hâte son vieux manoir. Ses craintes avaient été vaines. Il retrouva sa jeune femme digne de lui et de son cœur.

Dans l'intervalle, le connétable de Bourbon avait ourdi une conspiration dans le but de livrer la France à Charles-Quint. François Ier ayant découvert le complot, le connétable de Bourbon se réfugia en Italie mais on arrêta comme complices plusieurs grands seigneurs. Parmi eux se trouvait l'ami intime du traître, le comte de Saint-Vallier, père de la belle Diane de Poitiers. Reconnu coupable, il fut condamné à avoir la tête tranchée sur un échafaud.

Diane reçut un coup terrible à l'annonce de la fatale nouvelle. Elle en fit part à son époux, le supplia de la conduire à la Cour pour implorer le roi. Ne pouvant l'accompagner, Louis de Brézé se résigna et consentit à son départ.

Arrivée au palais royal, Diane demanda à être reçue par François Ier et à lui parler en particulier. Introduite auprès du monarque, les courtisans se retirèrent, la laissant seule avec lui. Elle se jeta à ses pieds et lui demanda humblement d'accorder la grâce de son père.

Le roi accueillit fort aimablement la jeune femme, vanta sa beauté, se fit galant « tenant sous son regard royal la fille à qui il voulait vendre la grâce de son père ». (2).

Devina-t-elle un impérieux désir dans l'éloquence de ce regard? Comprit-elle qu'elle n'avait qu'à choisir entre un refus ou une « complaisance »; malgré l'accueil cordial du souverain? Toujours est-il qu'elle

(1) Le François (A.-B.). *Les Mystères des vieux châteaux de France*, déjà cit., t. I., p. 74.

(2) Le François (A.-B.). Idem, t. I., p. 80.

ne quitta François Ier que le lendemain matin. Elle sortit, sans doute, du boudoir royal non sans regrets « en voyant la brèche que l'épouse infidèle s'est laissée faire pour complaire à la fille dévouée ».

Diane fut, en effet, récompensée de son généreux sacrifice. Pour prix des doux instants qu'elle lui avait fait passer, François Ier signa la grâce du comte de Saint-Vallier et la fit aussitôt porter au condamné. Celui-ci se trouvait déjà entre les mains de l'exécuteur. La surprise qu'il éprouva en apprenant l'heureuse nouvelle l'empêcha de manifester sa joie. « Descendant de l'eschaffaud, dit Brantôme, il ne dit autre chose, sinon : Sauve le bon cas de ma fille qui m'a si bien sauvé... »

Comme on le voit, François Ier se jouait des lois et de la justice. Lorsque des condamnés à mort lui offraient des sommes considérables pour racheter leur vie, il repoussait toujours leurs offres; mais d'après Sauval, « si leurs femmes se venaient offrir elles-même il ne manquait jamais de les prendre au mot pourvu qu'elles eussent de la beauté, de la jeunesse et de la vertu. » Elles ne parvenaient à fléchir le galant roi qu'aux dépens de leur pudicité. Si elles n'étaient pas belles, leurs filles pouvaient les remplacer pourvu qu'elles fussent jolies. Dans ces conditions, il est aisé de comprendre que les courtisans parvenaient aux honneurs et à la fortune grâce à leurs femmes ou leurs filles.

Afin de voir à toute heure et sans scandale, les épouses auxquelles la naissance, la beauté et les charges à la Cour donnaient de la considération, François Ier leur faisait réserver des appartements dans les palais royaux. Il possédait les clefs de leurs chambres et s'en servait si bien qu'on prétend qu'il y passait fort agréablement ses nuits (1). Si les maris, informés de ce qui se passait, s'avisaient de maltraiter leurs femmes ou seulement de les quereller, le roi leur ordonnait de cesser leurs mauvais traitements sous peine de mort. Beaucoup de femmes se plaçaient ain-

(1) SAUVAL (H.). *Le B...l de la Cour et de Paris*, op. cit.

si sous la sauvegarde du monarque. Un soir qu'il voulut aller coucher avec une dame de la Cour, il trouva le mari qui l'attendait l'épée au poing. François Ier lui mit la sienne sous la gorge et lui commanda de ne lui faire aucun mal sinon il le tuerait ou le ferait décapiter. Puis, il l'envoya passer la nuit dehors et prit sa place. « Cette dame était bien heureuse d'avoir trouvé un si bon champion et protecteur de son c..., car oncques depuis le mari ne luy osa sonner mot, et luy laissa tout faire à sa guise (1) ».

Les familiers du roi se divertissaient tellement de la situation des malheureux maris qu'on fit ce quatrain :

> Ne souffre à ta femme pour rien,
> Mettre son pied dessus le tien,
> Le lendemain la fausse bête
> Le voudra mettre sur ta tête (2).

Quand les épouses, voulant rester vertueuses, refusaient les appartements que le roi leur offrait au Louvre, à Meudon, aux Tournelles ou ailleurs, il fallait que leurs époux ne commissent aucune faute s'ils occupaient une charge au gouvernement sans quoi ils étaient bientôt accusés de concussion et condamnés à avoir la tête tranchée.

François Ier non content des dames de la Cour, cherchait aussi des aventures avec des femmes de bourgeois, « embrassant qui l'une, qui l'autre, dit Brantôme, comme de ce temps-là tel n'était pas galant qui ne fût putassier ; dont il en prit la grande vérole, qui lui avança ses jours. »

D'après la légende, Franççois Ier se promenant certain jour dans le quartier de la Ferronnerie remarqua sur la porte d'un marchand de fer une jolie personne au front élevé, au visage admirable. Saisi par tant de beauté, il donna l'ordre au seigneur qui l'accompagnait de bien examiner la maison de la jolie bourgeoise pour venir enlever de gré ou de force celle qu'il

(1) BRANTÔME. *Vies des dames galantes*, ouv. cit., Discours I, p. 13.

(2) SAUVAL. *Le B...l de la Cour et de Paris*, déj. cit.

désirait honorer de son amour (1). Le confident du roi revint bientôt sur ses pas et se trouva en présence de la *Belle Ferronnière*. Après avoir vanté sa beauté, il lui dit que la reine avait remarqué sa figure enchanteresse et qu'elle désirait l'attacher à sa personne. La jeune femme refusa tout d'abord en s'excusant de sa timidité et prétextant l'absence de son mari. Sur les instances du courtisan elle consentit enfin à être conduite au Louvre auprès de la reine. Le seigneur l'invita à monter en croupe sur son cheval. Après quelques hésitations, elle accepta et il la conduisit, non pas au Louvre, mais au château de Madrid au Bois de Boulogne (2). La Belle Ferronnière ne tarda pas à s'apercevoir qu'on l'entraînait hors de la ville. Elle se mit à crier : « Au secours ! » Les soldats du guet intervinrent pour se saisir du cavalier; mais celui-ci s'en débarrassa à coups de fouet. Eperonnant ensuite sa monture il eut vite franchi la distance qui le séparait de la demeure royale. Quelques instants plus tard, la Belle Ferronnière se trouvait en présence de François Ier.

La jeune femme dût se plaire auprès du monarque puisqu'elle ne le quitta que trois mois après, son amant l'ayant priée de regagner le foyer conjugal. Elle le supplia tellement de ne pas l'abandonner entièrement qu'il consentit à la recevoir de temps en temps au château.

De retour au logis, la Belle Ferronnière se garda bien de raconter à son mari ce qui s'était exactement passé. Elle dit simplement que la reine avait voulu la voir et la garder près d'elle et qu'elle n'avait pu que déférer à un désir si flatteur. Le mari, qui n'était pas un sot, demeura incrédule sans le laisser paraître. Il épia sa femme, la suivit au bois de Boulogne et, convaincu de toute l'étendue de son malheur, résolut de se venger à sa manière. (3)

(1) Le François (A.-B.). *Les Mystères des vieux châteaux de France*, ouv. cit., t. II, p. 236.

(2) Le François (A.-B.). Idem, t. II, p. 327.

(3) Le François (A.-B.). *Les Mystères des vieux châteaux de France*, op. cit., t. II, p. 328.

« Désespéré, dit Mézeray, d'un outrage que les gens de la Cour n'appellent qu'une galanterie, il s'avisa méchamment d'aller en un mauvais lieu s'infester lui-même pour gâter sa femme et ainsi faire passer sa vengeance jusqu'à celui qui lui avait ôté l'honneur. »

Ce qu'il avait prévu arriva. François Ier ne parvint pas à se guérir de cette funeste et honteuse maladie. Le bruit courut qu'il avait passé son mal à Anne de Pisseleu, la belle duchesse d'Etampes. Quoi qu'il en soit, il mourut à cinquante-trois ans, en 1547, à Rambouillet

. . . .

De la vérole qu'il avait.

Les règnes de Henri II et Henri III ne le cédèrent en rien en corruption à celui de Françoit Ier. Les femet filles de la Cour se passionnèrent pour le jeu d'amour Mais pour éviter une grossesse, elles mettaient une certaine prudence dans leurs débordements. Catherine de Médicis trouva un jour quatre jolis bijoux préservateurs dans le coffre de l'une de ses dames d'honneur (1).

Ou bien elles faisaient encore comme ces deux femmes qui se mirent à aimer deux gentilshommes châtrés afin de n'engrosser point (2).

Pour se rendre plus affriolantes certaines dames prenaient autant de soin de leurs cuisses et de leurs ventre que de leur tête et les ornaient de rubans, de dentelles et de parfums. C'est ainsi que procédait une dame Gence. Mais, elle ne se contentait pas de border le bas de ses chemises de belles dentelles, elle garnissait encore une fente vis-à-vis de ses parties honteuses « en falbalato à triple rangs, ce qui faisait un fort joli effet (3) » et plaisait sans doute beaucoup à son amant, apothicaire du roi. D'autres avaient les poils tellement longs à « la nature » qu'elles les frisaient et les retroussaient « comme la moustache d'un

(1) SAUVAL (H.). *Le B...l de la Cour et de Paris,* man. cit.

(2) BRANTOME. *Vies des dames galantes,* ouv. cit., Discours I, p. 123.

(3) SAUVAL (H.). *Le B...l de la Cour et de Paris,* man. cit.

sarrasin » (1) non sans les avoir entortillés de rubans ou cordons de soie destinés à les attacher aux cuisses.(2) Et en cet état elles se présentaient à leurs maris et à leurs amants. Le familiarité des étuves les excitait à ces raffinements de toilette. Elles s'y baignaient en effet, complètement nues mêlées ensemble et quelquefois aux hommes.

Les épouses coupables poussaient parfois jusque dans la mort leur amour pour l'être aimé. Ainsi en 1574, Henriette de Clèves, femme de Louis de Gonzague duc de Nevers, enleva de nuit et apporta à l'hôtel de Nesle, la tête de son amant, Coconas, qui avait été tranchée et exposée sur un poteau en place de Grève. Elle la couvrit de baisers brûlants, la fit embaumer et la conserva longtemps dans l'armoire d'un cabinet situé derrière son lit. Ce même cabinet fut arrosé plus tard des larmes de la petite-fille d'Henriette, Marie-Louise de Gonzague de Clèves, dont l'amant Cinq-Mars eut, en 1642, la même destinée que Coconas (3).

Si l'on ajoute foi aux bruits qui coururent la ville à cette époque, le prix d'une jouissance fut porté de 4 deniers parisis à 5 sols parce que trois dames de la Cour, à l'exemple de Messaline, se rendirent en un lieu de débauche pour savoir si elles éprouveraient plus de plaisir « avec les premiers venus qu'avec leurs maris et leurs galants ». Elles se masquèrent afin de n'être pas reconnues et se prostituèrent pour 5 sols « à tous venans ». L'une d'elles se donna entre autres à son cordonnier qui la reconnut à ses souliers. Fières de leur équipée, elles trouvèrent que ce n'était pas assez de s'en vanter à la Cour : elles trouèrent chacune leur pièce de 5 sols, y passèrent un ruban « l'attachèrent à leurs manches et la portèrent longtemps (4) ». Curieuse fantaisie. Peut-être aussi n'est-ce qu'un conte.

(1) Sauval (H.). *Le B...l de la Cour et de Paris*, man. cit.

(2) Brantome. *Vies des dames galantes*, op. cit., Discours II.

(3) de Saintfoix. *Essais historiques sur Paris*, ouv. cit., t. I, pp. 183 et 184.

(4) Sauval (H.). *La Chronique scandaleuse de Paris, chronique des mauvais lieux*. ouv. cit., pp. 92- 93(15 frs H. Daragon, édit.)

Il y avait toutefois des femmes vertueuses comme celle qui étant devenue éperdûment amoureuse d'un seigneur « aima mieux cacher son amour et le couver dans sa poitrine qui en brûlait et mourir que de faillir à son honneur (1) ». Quelques seigneurs et dames de la cour ne manquèrent pas de dire que c'était une sotte peu soucieuse du salut de son âme.

Quelques femmes se montraient plus pratiques. Ainsi un dame de bonne réputation vint à tomber malade du mal d'amour qu'elle portait à son serviteur « sans vouloir hasarder ce petit honneur qu'elle portait entre ses jambes, à cause de cette rigoureuse loy d'honneur tant recommandée et preschée des marys ». Chaque jour elle devenait plus maigre et plus alanguie. S'étant vue dans son miroir elle pensa : « Comment seroit-il donc dit qu'à la fleur de mon âge, et qu'à l'appétit d'un léger point d'honneur et volage scrupule pour retenir par trop mon feu, je vinsse ainsi peu à peu à me seicher, me consommer et devenir vieille, et laide avant le temps, ou que j'en perdisse le lustre de ma beauté qui me foisoit estimer, priser et aimer et qu'au lieu d'une dame de belle chair je devinsse une carcasse ou plus tost une anatomie (2) » Elle prit le parti d'user des remèdes qu'elle avait en sa puissance et se donna la satisfaction avec son ami. Peu à peu elle reprit son embonpoint et redevint belle sans que son mari put se douter de son traitement. Celui-ci, au contraire, remerciait ses médecins d'avoir si bien remis sa femme sur pied.

Une autre dame usa du même procédé. Etant maladive son médecin lui dit qu'elle ne se porterait jamais bien si elle ne faisait souvent l'amour. « Eh bien faisons-le donc » reprit-elle. Tous deux s'en donnèrent à cœur joie. Comme on jasait un peu, elle en fit part à son amant : « On dit partout que vous me le faites; mais c'est tout un, puisque je me porte bien. Et tant

(1) BRANTOME. *Vies des dames galantes*, ouv. cit., Discours IV, p. 183.

(2) BRANTOME. *Vies des dames galantes*, op. cit., Discours IV, p. 182.

que je pourray je le feray, puisque ma santé en dépend (1) ».

Certains maris incitaient parfois leurs femmes à les cocufier. Un de ceux-ci reçut un matin un de ses compagnons dans sa chambre et lui montra sa femme endormie, étendue toute nue sur son lit. Elle s'était ainsi découverte car il faisait très chaud. Le mari tira même le rideau à demi si bien que l'ami put la contempler à son aise. Celui-ci qui aimait passionnément la dame lui retraça le lendemain cette scène que le mari confirma. Et la dame de dépit, se donna sans retard à cet homme (2).

Un autre mari, sollicité au combat d'amour par sa femme qui le trompait, lui dit sans préambule : « Prenez vos plaisirs ailleurs, je vous en donne congé. Faites de votre côté ce que vous voudrez faire avec un autre; je vous laisse en liberté; et ne vous donnez peine de nos amours et laissez-moi faire ce qu'il me plaira ». Tous deux ne manquèrent pas de se divertir chacun de leur côté.

Un vieillard goutteux, maladif, impotent, disait à sa femme fort jolie, et qu'il ne pouvait contenter comme elle le désirait : « Je sais bien mon amie, que mon impuissance n'est pas suffisante pour votre gaillard d'âge et que je ne puis vous faire les offices ordinaires d'un mari fort et robuste. Mais j'ai avis de vous permettre et vous donner totale liberté de faire l'amour, et d'emprunter quelque autre qui puisse mieux vous contenter que moi. Mais surtout, élisez-en un qui soit discret, modeste, et qui ne fasse point de scandale, et qui puisse faire un couple de beaux enfants, que j'aimerai et tiendrai comme les miens propres (3) ». La belle suivit le conseil et, à la grande joie du mari, eut une belle progéniture.

Quelques époux très pacifiques souffraient que leurs femmes les fissent cocus pour en obtenir après

(1) Brantome. *Vies des dames galantes.* Discours IV, p. 182.

(2) Brantome. *Vies des dames galantes*, ouv. cit. Discours I, p. 38.

(3) Brantome. Idem, Discours I, p. 30.

plus de satisfactions charnelles. Ils arrivaient l'épée à la main de sorte que les amants apeurés sautaient par la fenêtre. Ayant ainsi le terrain libre, ces prétendus furieux « trouvaient leurs femmes plus propres, plus belles et mieux percées que jamais; ils les caressaient les baisaient, folâtraient avec elles, prenaient avec plaisirs les restes de leurs rivaux (1) ».

D'autres les surprenaient-elles avec leurs amants, ils ne se plaignaient seulement que les champions ne fermassent point la porte de leur chambre. Après leur avoir montré la honte qu'ils auraient éprouvé si tout autre qu'eux ne les avait surpris, ils tiraient doucement les rideaux du lit et fermaient la porte de la pièce, les laissant ainsi paisiblement achever leur besogne amoureuse.

Peut-on s'étonner maintenant qu'il y eût en ce temps-là tant de maris malheureux.

Cependant, sous le règne du bon roi Henri, on apporta de Venise une invention destinée à enrayer les progrès du cocuage. Un certain « quinquailleur » mit, en effet, en vente à la foire Saint-Germain une douzaine de petits engins pour brider le « cas » des femmes qui étaient « faits de fer et ceinturaient comme une ceinture et venaient à prendre par le bas et se fermer en clef; si subtilement faits qu'il n'était pas possible que la femme en étant bridée une fois, s'en pût jamais prévaloir pour ce doux plaisir, n'ayant que quelques petits trous menus pour servir à pisser (2). »

On a deviné qu'il s'agit d'une ceinture de chasteté.

On dit, ajoute le seigneur de Bourdeille, qu'il y eut cinq ou six maris qui en achetèrent et en bridèrent leurs femmes. Mais l'une d'elles eut l'idée de chercher un serrurier fort habile en son art. Lui ayant montré l'engin en question pendant une absence de son époux, il forgea une fausse clef de sorte que l'épouse lubrique pouvait ouvrir et fermer son cadenas à volonté. Ce serrurier fut même le premier qui rendit le mari cor-

(1) SAUVAL (H.). *Le B...l de la Cour et de Paris*, man. cit.

(2) BRANTOME. *Vies des dames galantes*, ouv. cit., Discours I.

nard. Et la dame s'en donna à cœur joie sans que son jaloux de mari pût s'en apercevoir.

Malheureusement pour le « quinquailleur » plusieurs galants gentilshommes de la Cour menacèrent de le tuer s'il continuait à mettre en vente ses ceintures. Pris de peur, il jeta celles qui lui restaient et depuis on n'entendit plus parler de lui.

Les femmes n'étant plus cadenassées purent donc donner libre cours à leurs débordements. Les plus habiles prenaient leurs servantes comme complices et s'en servaient pour couvrir leurs amours. Un jour qu'une dame avait prié sa femme de chambre de faire le guet pendant qu'elle se trouvait avec son amant le maître d'hôtel du mari surprit la demoiselle et lui fit des remontrances lui disant « qu'il vaudrait mieux qu'elle soit avec sa maîtresse que d'être ainsi maquerelle en faisant la garde et en jouant un mauvais tour au mari (1) ». Il ajouta qu'il avertirait son maître. La dame le calma, toutefois, en lui donnant une de ses filles de chambre dont il était amoureux. Elle le prit en haine par la suite et, saisissant une occasion, elle le fit chasser par son mari.

Quelquefois la trop grande passion rendait les femmes adultères. Témoin cette dame dont parle Brantôme qui se plaignait à son amant de la jalousie de son mari lequel l'épiait sans cesse et rendait ses rendez-vous plus difficiles. « Il lui semble, disait-elle, que son feu est pareil au mien; car je lui esteins le sien en un tournemain et en quatre ou cinq gouttes d'eau; mais au mien qui a un brasier bien plus grand et une fournaise plus ardente, il y en faut davantage; car nous sommes du naturel des hydropiques ou d'une fosse de sable, qui d'autant plus qu'elle avale d'eau, et plus elle en veut avaler (2) ».

Sous Louis XIV, l'adultère fut effrontément affiché, la Cour prenant exemple sur le roi qui payait avec l'argent de ses sujets les caprices de ses nom-

(1) Brantome. *Vies des dames galantes*, op. cit., Discours IV, p. 184.

(2) Brantome. *Vies des dames galantes*. ouv. cit., Discours IV, p. 181.

breuses maîtresses. Cette dépravation des mœurs s'explique en ce que la nature ayant « fait les femmes plus belles et plus tendres que les hommes, les a faites plus fines, cautes et malicieuses» . Aussi « il était meilleur d'entretenir une femme que de l'épouser (1) ». La licence devint telle qu'un auteur du dix-septième siècle, faisant allusion à la loi de Zeleucus et à celle des Egyptiens contre les épouses adultères (2) écrivait :

> Si l'on ressuscitait ces lois vieilles et dures.
> On verrait en beaucoup de lieux,
> A moins qu'au juste on n'eût pris ses mesures.
> Bien des femmes sans nez et des hommes sans yeux.(3)

Si les hommes faisaient tout ce qu'ils pouvaient pour se mettre en grâces auprès des dames, celles-ci leur en épargnaient un peu la peine soit en leur faisant des avances, soit en leur courant après. Les anecdotes abondent sur cette époque.

La marquise de Sy, au début de son mariage laissait son mari lui passer familièrement la main sous la jupe en présence de témoins. Lorsqu'elle s'éprit du vicomte de Neufchastel, elle partagea ses nuits entre celui-ci et son mari et l'amant en eût même, par semaine, une de plus que le mari.

Elle fit mieux. En 1648, elle maria Neufchastel à sa fille, âgée seulement de onze ans. Ils convinrent qu'il coucherait trois fois par semaine avec sa femme et trois fois avec sa belle-mère et que le dimanche il

(1) *Les Ruses et Finesses des Courtisanes,* Paris, 1618, in-8, p. 10.

(2) En Syrie, le roi Seleucus avait rédigé une loi qui ordonnait de crever les yeux aux hommes adultères. Or il advint que son fils se trouva dans ce cas. Seleucus tourna la difficulté en faisant crever un seul œil à son fils et un à lui-même. La loi fut satisfaite puisqu'il y avait le même nombre d'yeux crevés. Les Egyptiens fouettaient d'abord violemment les femmes adultères. Si elles supportaient cette correction, on leur coupait ensuite le nez afin de porter atteinte à leur beauté. (Voir notre ouvrage *Tortures et Supplices à travers les âges,* pp. 40 et 43, 1 vol. in-8, 2e mille, 4 frs, Paris 1908 (H. Daragon, édit.)

(3) La Gorse (de). *Souvenirs d'un homme de cour* ou *Mémoires d'un ancien page.* Paris, an XIII-1805, 2 vol. in-8, t. II, p. 232.

se reposerait. La maîtresse trouva que ce n'était pas suffisant et ôta un jour à sa fille. Le marquis de Sy voyant Neufchastel aussi occupé demanda quelquefois à coucher avec sa femme; mais en vain. Maintes fois il alla la trouver comme elle était au lit avec son amant pour obtenir qu'elle voulût bien coucher seulement une heure avec lui. Ce fut peine inutile. Un soir que les deux amants ne parvenaient à s'endormir, ils se divertirent en fouettant le pauvre mari (1).

Sous le règne du Grand Alcandre les nobles dames se vendaient ouvertement. Beaucoup d'entre elles, se montraient effrontées. Madame de la Trémoille, comtesse d'Olonne et sa sœur la maréchale de la Ferté figuraient parmi ces dernières « Le débordement de leur vie fit grand bruit. Aucune femme, même des plus décriées pour la galanterie, n'osait les voir ni paroître avec elles (2). »

Madame de la Trémoille avait le visage rond, la bouche petite, les yeux brillants, le sein admirable. La gorge, les bras et les mains étaient bien faits. Mais elle avait la taille grossière et le rire, qui généralement sied à tout le monde, produisait en elle tout l'effet contraire. L'esprit vif et plaisant quand elle était libre, elle aimait les plaisirs jusqu'à la débauche et mettait de l'emportement dans ses moindres divertissements (3). M. d'Olonne la rechercha en mariage et l'union fut vite conclue. Madame d'Olonne eut de nombreux amants. Un des premiers qui se présenta fut le marquis de Beuvron à qui le voisinage de la comtesse donnait plus de facilité de la voir. Ce fut pour cette raison qu'il la conserva assez longtemps

(1) HERVEZ (Jean). *Les Femmes et la Galanterie au XVIIe siècle*, ouv. cit., p. 90.

(1) SAINT-SIMON (duc de). *Mémoires complets et authentiques sur le siècle de Louis XIV et la Régence*, collationnés sur le manuscrit original par M. CHÉRUEL, Paris, 1856-1858, 20 vol. in-8, t. XI.

(2) BUSSY-RABUTIN. *Histoire amoureuse des Gaules suivie de la France galante*, édition nouvelle avec introduction et notes de Augustin POITEVIN. Paris, 1857, 2 vol. in-12, t. I, liv. 1er.

sans qu'on aperçut leur liaison. Cet amour serait sans doute resté longtemps caché si le marquis n'avait eu des rivaux. Le duc de Candale étant tombé amoureux de la comtesse, on découvrit bientôt ce qui avait été tenu secret (1). Le financier Paget lui écrivit un jour qu'il payait ordinairement cent pistoles les bonnes grâces de ses maîtresses ;mais que pour elle il irait bien jusqu'à deux mille. Et madame d'Olonne accepta en disant qu'elle n'avait jamais reçu d'aussi joli billet. Le riche adorateur eut droit à trois séances d'amour. Pendant trois mois, elle aima le trésorier de l'épargne Jeannin de Castille qui lui versa dix mille livres. Elle n'interrompit pas pour cela ses passades avec le duc de Candale. Lorsque celui-ci mourut, la comtesse éprouva la jouissance posthume d'avouer à son mari qu'elle avait aimé le défunt duc et qu'elle ne lui avait rien refusé. Comme elle mentionnait les particularités de ses jouissances et en spécifiait le nombre, son mari l'interrompit : « Il ne vous aimait guère, Madame, puisqu'il faisait si peu de chose pour une si belle femme que vous (2) ». Le satiriste Bussy-Rabutin a ainsi défini la comtesse d'Olonne : « Un chemin fort passant. On y donne le couvert à tous ceux qui le demandent, à la charge d'autant. Il y faut bien payer de sa personne ou payer son gîte (3) ».

La maréchale de la Ferté ne valait pas mieux que sa sœur, bien qu'au lendemain de son mariage, le Maréchal l'eût prévenue qu'elle eût à se garder de lui ressembler. Elle ne se cachait pas pour dire qu'une femme n'avait pas assez d'un homme. Après s'être livrée à son valet de chambre, elle souleva le marquis de Beuvron à la comtesse d'Olonne « pour pouvoir lui de-

(1) Bussy-Rabutin. *Histoire amoureuse des Gaules*, op. cit., t. I, liv. Ier.

(2) Bussy-Rabutin. *Histoire amoureuse des Gaules...*, op. cit., t. I, liv. Ier, passim.

(3) Bussy-Rabutin. *Carte géographique de la Cour*, ou *Carte du pays de Braquerie*. Cologne, 1668. Dressée entre 1650 et 1660, réimprimée dans le t. IV des *Historielles* de Tallemant des Réaux. D'après Bussy, les « Braques » sont les femmes galantes, les « Ruffiens », leurs amants, les « Cornutes », leurs maris.

mander, dans le plaisir, laquelle lui en donnait davantage ». Comme elle était insatiable, elle ne tarda pas à lui associer des gens de robe, d'église, d'épée, de finance. Son beau-frère d'Olonne goûta d'elle pour dix mille écus. Elle prit ensuite un petit bourgeois du nom de Béchamel qu'elle conserva longtemps pour dix mille écus. Dès lors, elle appartint au plus offrant sans pour cela renoncer à ses caprices. C'est pourquoi elle s'éprit un soir à la Comédie du Basque sauteur. Elle lui donna rendez-vous à Saint-Cloud et revint enchantée de sa séance amoureuse. Mais le Basque confessa depuis que la maréchale avait un tel tempérament amoureux qu'il préférait danser tous les jours à la Comédie bien qu'il s'y fatiguât beaucoup que de passer seulement une heure avec elle (1).

Madame de Lionne avait pour amant le comte de Fiesque. Comme celui-ci se montrait plus aimable que vigoureux, Madame de Lionne satisfaisait aussi son appétit avec le duc de Saux qui reprocha à son ami de Fiesque « d'être assez fou pour prendre de l'intérêt en une vieille p...n comme cette femme ».

Comme on le voit, les femmes cherchaient des sensations de tous côtés. Mais les maris étaient parfois cocus par leur faute.

Ainsi un marchand de Bordeaux était tombé amoureux de la servante de sa femme. Afin de pouvoir coucher avec cette fille sans éveiller les soupçons de son épouse il obligea un des garçons de sa boutique à tenir pour une nuit sa place dans le lit conjugal. Il lui fit promettre de ne pas toucher à sa patronne. Le garçon, qui était jeune, ne put contenir ses désirs et fit avec la femme ce que le mari n'avait pas coutume de faire. Au petit jour, l'époux vint reprendre sa place auprès de sa moitié. Celle-ci, ignorante de la substitution, se leva au matin et apporta un bouillon et deux œufs frais à son mari. Ce dernier s'étonna de cette prévenance inaccoutumée. Rougissante elle lui dit : « Vous l'avez bien gagné ». Le marchand jugea dès lors de son malheur et accusa son garçon de l'avoir

(1) Bussy-Rabutin, *La France galante*.

volé. Le jeune homme fit connaître la cause de la haine de son maître et un arrêt du Parlement de Bordeaux déclara l'épouse « femme de bien et le mari cocu à juste titre (1) ».

Mademoiselle d'Alègre avait épousé M. de Barbézieux. Celui-ci termina l'année 1698 par un coup d'éclat. Il traitait sa femme comme une enfant et se montrait peu aimable avec elle. M. d'Elbeuf s'éprit de la jeune épouse qui, piquée par la conduite de M. de Barbézieux à son égard, voulut le rendre jaloux. « Il s'abandonna à cette passion, tout lui grossit, il crut voir ce qu'il ne voyait point et il lui arriva ce qui n'est jamais arrivé à personne, de se déclarer publiquement cocu, d'en vouloir donner les preuves, de ne le pouvoir, et de n'être cru de qui que ce soit (2) ». Furieux, M. de Barbezieux, pria son beau-père qui habitait l'Auvergne de venir le trouver sur-le-champ. M. d'Alègre arriva bientôt croyant que son gendre avait un poste important à lui proposer. Quelle ne fut pas sa surprise lorsqu'il apprit de quoi il s'agissait. Il songea à séparer les deux époux pour mettre fin à la crise. Madame de Barbézieux, malade, était retenue prisonnière par son mari. « Le mari prétendoit qu'elle le faisoit et vouloit la mettre dans un couvent; le père et la mère vouloient la garder chez eux (3) ». Finalement, gendre et beau-père s'adressèrent au roi qui décida que Madame de Barbézieux irait chez son père et sa mère jusqu'à complète guérison; après quoi ses parents la conduiraient dans un couvent en Auvergne.

Voici une histoire plus tragique. Un gentilhomme du nom de Baye-Saint-Léger avait épousé une très belle femme. Celle-ci avait une femme de chambre aussi désirable qu'elle. Le mari s'en éprit et lui offrit de lui prouver son amour. La jeune fille repoussa ses avances et en avisa sa maîtresse. Le premier moment

(1) Tallemant des Réaux. *Historielles*, ouv. cit., t. II, p. 139.

(2) Saint-Simon (duc). *Mémoires*, ouv. cit., t. II, chap. XIV, p. 228.

(3) Saint-Simon (duc de). *Mémoires*, op. cit., t. II, ch. XIV, p. 229.

de surprise passé, l'épouse lui conseilla d'accepter un rendez-vous pour confondre son mari. Or, il arriva que le soir où Saint-Léger devait rejoindre l'objet de ses rêves, un de ses meilleurs amis vînt le voir. Pour s'en débarrasser, le mari voulut l'emmener coucher plus tôt que d'habitude; mais le gentilhomme, défiant, l'interrogea et comprit la raison pour laquelle son hôte voulait être libre. Il lui montra combien sa conduite était odieuse et le persuada de lui céder sa place. Saint-Léger y consentit. Arrivé au rendez-vous, fixé dans un jardin, il trouva non la femme de chambre, mais bien l'épouse de son ami qui, pour se moquer, avait opéré cette substitution. Comme il faisait grande nuit, l'ami ne s'aperçut pas de la supercherie et obtint tout ce qu'il voulut. Il en revint très satisfait et raconta même la scène au mari. Ce dernier, aguiché par le récit, se rendit auprès de sa femme pour passer son envie. En le voyant, elle ne put retenir son étonnement : « — Seigneur Dieu ! vous êtes en belle humeur ce soir. — Que voulez-vous dire ? répondit-il — Eh ! reprit-elle, ne vous souvenez-vous plus du jardin? » Le pauvre homme devina aussitôt ce qui s'était passé. Il ne laissa rien paraître de sa surprise; mais le chagrin le gagna peu à peu et il trépassa quelques jours après. Sa veuve vécut depuis dans l'abandon et mourut de la v... (1).

La corruption des mœurs était complète à la mort de Louis XIV. Philippe d'Orléans, le Régent, ne voulut pas qu'avec le Roi pût s'éteindre la luxure du siècle. Bien que marié, le duc d'Orléans courait de femme en femme. Sa vie privée fut animée par de nombreuses intrigues aussi intéressées que galantes.

Vers la fin de 1715, le Régent prit pour maîtresse Marie-Madeleine de la Vieuville, mariée en 1711 au marquis Jean de Parabère. C'était « un beau morceau de chair fraîche (2) ». Philippe d'Orléans allait la voir dans une maison qu'elle possédait à Asnières. Un

(1) Tallemant des Réaux. *Historiettes*, op. cit., t. II, p. 140.

(2) *Correspondance de la duchesse d'Orléans*, 29 mai 1716, op. cit.

soir qu'il passait le bac pour s'y rendre, il s'amusa à faire pencher le bateau des deux côtés. Le batelier qui ne le connaissait pas, s'écria : « Voilà un b... de bateau qui va comme la Régence, sans dessus, dessous (1) ». Le duc faillit se noyer. Il voulut que sa maîtresse changeât de maison. Lorsqu'elle devint « grosse à pleine ceinture », elle vint loger au Palais-Royal à la place de Law. Elle affichait sa position « à la vue de tout le public, à l'Opéra et dans la propre maison de madame la duchesse d'Orléans » qui souffrait « tout cela sans rien dire (2) ». M. de Parabère s'avisa une fois d'être jaloux. Mais il craignit sa propre colère et se plongea dans l'ivrognerie. A tel point qu'au début de la grossesse de sa femme, le duc d'Orléans et Richelieu, croyant chacun être le père de l'enfant, songèrent à porter le marquis de Parabère dans le lit de sa femme un soir qu'il serait ivre. Ils pensaient lui persuader le lendemain que le vin l'avait prédisposé à l'amour et le préparer à endosser la paternité (3). Il mourut sur ces entrefaites, empêchant la réalisation du projet.

Beaucoup, d'ailleurs, auraient pu prétendre à cette paternité, Beringhem et Nocé entre autres, qui apaisaient souvent les sens excités de la marquise.

Brusquement, le Régent se prit de querelle avec Madame de Parabère. Madame de Sabran voulait briguer sa place ou la faire prendre « à une autre personne de ses parentes, que l'on appelait la duchesse de Fallari (4) ». Quinze jours après, le duc d'Orléans paraissait à un bal public au Palais-Royal tenant à son bras la duchesse, sa nouvelle maîtresse. Elle avait épousé George d'Entragues auquel le pape

(1) Mathieu Marais. *Journal et Mémoires sur la Régence et le règne de Louis XV*, publié avec une introduction et des notes par M. de Lescure. Paris, 1863-1868, 4 vol. in-8, t. I, p. 321, 12 juillet 1720.

(2) Mathieu Marais. *Journal et Mémoires*, 20 août 1720, t. I, p. 394.

(3) Soulavie. *Pièces inédites sur les règnes de Louis XIV, Louis XV, Louis XVI*. Paris 1809, 2 vol., in-8, t. II, p. 26.

(4) Mathieu Marais. *Journal et Mémoires*, op. cit., 14 novembre, 1720 t. I, p. 483.

donna le titre de duc de Fallari. Madame de Fallari était on ne peut plus galante. Un soir, le président de Tensin, de Grenoble, amant de la mère de la duchesse, se trouvant à un bal, voulut serrer la main de la fille. Le Régent, l'apercevant, lui dit : « Masque, c'est trop de la fille et de la mère. » Le président se retira aussitôt. Mais on entendit bientôt ce couplet :

Fallarira dondène, fallarira dondé.
Trois petits couteaux dans une gaîne :
L'un est rouge et l'autre est blanc.
L'autre est emmanché d'argent.
Fallarira dondène, fallarira dondé. (1)

Les trois petits couteaux représentaient les trois amants de la marquise : le marquis de Tessé, Lévy et Préaux. Le Régent apprit ainsi qu'il avait des devanciers. Ses amours avec sa nouvelle maîtresse durèrent peu. Le vendredi 10 janvier 1721, en effet, la duchesse de Fallari était tout à fait chassée. Philippe d'Orléans retourna à Madame de Parabère; mais celle-ci ne voulut plus avoir affaire à lui parce qu'il avait commerce avec des filles de l'Opéra que l'on prétendait « gâtées ». Après un souper, il fut sur le point de la battre parce qu'elle refusa de se plier à sa volonté. Il lui écrivit une lettre menaçante à laquelle elle répondit vertement. Le duc chercha alors fortune ailleurs. Et il y eut « des dames de qualité assez indignes pour briguer cette place, et se porter pour héritières des chassées (2) ».

Le Régent, ne pouvait cependant se passer de Madame de Parabère, et lui rendit visite quelques jours après. Il entra à l'improviste dans sa maison et la trouva avec quatre jeunes gens parmi lesquels se trouvait le chevalier de Beringhem dont il était jaloux. Il battit sa maîtresse et la jeta par terre; mais se relevant aussitôt elle lui « chanta pouille ».

Furieux, le prince revint au Palais Royal, voulant

(1) Mathieu Marais. *Journal et Mémoires*, ouv. cit., 1er décembre 1720, t. II, p. 3.

(2) Mathieu Marais. *Journal et Mémoires*, déj. cit., janvier 1721, t. II, p. 48,

engager de Nocé à « le raccommoder ». Mais celui-ci s'y refusa. La brouille fut de courte durée, car le 18 janvier la paix était faite dans le faux-ménage. Cette passion du Régent ne fut pas sans susciter quelques querelles entre lui et la Régente. En avril, cette princesse se plaignit de ce que Madame de Parabère était « venue dans son petit jardin et dans sa garde-robe et qu'elle s'était moquée de ses pots de chambre. Elle a beaucoup pleuré et a pris le parti de se retirer à l'abbaye de Montmartre (1). »

La rupture entre la belle duchesse et le duc ne devait pas tarder à être complète. Philippe ayant appris par M. de Breteuil, intendant à Limoges, qu'elle correspondait toujours avec le chevalier de Beringhem lui conta le mot de Mahomet II disant à sa maîtresse : « Voilà une belle tête, je la ferai couper quand je voudrai. » Cette saillie ne fut pas du goût de la dame qui se retira dans ses terres. Pour la remplacer, le Régent porta ses vues sur la femme d'un lieutenant aux gardes, Madame d'Averne, qui était fort belle et qu'il désirait bien posséder. Il lui offrit cent mille écus et une compagnie pour son mari (2). Le 10 juin, elle reçut une corbeille contenant de l'argent et des pierreries, ce qui acheva la capitulation. Le soir, la dame préférant le duc d'Orléans à son mari et à son amant, le marquis d'Alincourt, le retrouvait à la Roquette, dans la maison de Dunoyer, où tous deux passèrent une partie de la nuit à consommer le sacrifice. Quatre jours après le Régent se rendit à Saint-Cloud passer l'après-midi avec sa nouvelle maîtresse et parut publiquement dans les jardins avec elle dans une chaise découverte Puis Philippe d'Orléans la produisit dans sa loge à l'Opéra. Elle avait pour compagne Madame Dodun, épouse d'un des principaux officiers du Régent, qui se chargea d'être « sa complaisante ». Comme elle aussi prenait des amants, on put projeter des parties carrées.

(1) Mathieu Marais. *Journal et Mémoires*. op. cit., janvier-avril 1721, t. II, passim.

(2) Mathieu Marais. *Journal et Mémoires*. ouv. cit., 6 juin 1721, t. II, p. 157.

Le Régent triomphait avec cette maîtresse recevant les flatteries des dames de la Cour. La maréchale d'Estrées leur donna une fête magnifique (1). Cette maréchale, d'ailleurs, prêtait également à la médisance. Après le jeune Marsilly et l'avocat général Chavelin, elle choisit pour amant le président Hénault qu'elle quitta et remplaça par le comte de Roussillon, jeune franc-comtois riche et « assez bien fait quoiqu'on lui trouvât les jambes trop grosses et le nez plat. » Ce qui fit dire que la maréchale avait fait tout d'un coup un grand saut du *Hainault en Roussillon*. On ne manqua pas de chansonner l'amant délaissé :

A ma honte rien ne s'égale,
Disoit en larmoyant
Le bourgeonné président.
On m'a vu chez la maréchale.
Son beau mignon
Chanter son c... et son chignon,
A présent cette martingale
Dit que je n'ai d'esprit
Qu'à la mesure de mon v... (2).

Le Régent ne voulant pas être en reste avec la maréchale d'Estrées, lui rendit sa fête à Saint-Cloud dans une maison qui appartenait autrefois à l'Electeur de Bavière. Cette fête dura une partie de la nuit. Les jardins de Saint-Cloud furent illuminés de plus de vingt mille lumières. Madame d'Averne s'y montra fort brillante avec Madame du Deffant et une autre dame.

Philippe d'Orléans n'oubliait pas non plus le mari de sa maîtresse. Ne fallait-il pas lui accorder une compensation ? Il lui donna le gouvernement de Navarreins en Béarn et le cordon rouge. Le Régent demandant à celui (3) qui avait porté tous ces présents à M. d'Averne s'il était content, le messager répondit :

(1) MATHIEU MARAIS. *Journal et Mémoires*, ouv. cit., juin-juillet 1721, t. II, pp. 160, 161, 174.

(2) MATHIEU MARAIS. *Journal et Mémoires*, op. cit., juin 1722, t. II, p. 303.

(3) Sans doute Nocé,

« Content, Monseigneur, les cornes lui en sont venues à la tête (1). »

Pendant ce temps, l'épouse continuait à s'afficher publiquement avec le duc d'Orléans qui la menait promener toutes les semaines aux Tuileries, dans ce labyrinthe illustré par « les prouesses des amants ». Dans ce lieu charmant, on badinait, on parlait d'amour, on se trompait les uns les autres. D'après Sauval, « si ces cyprès pouvaient parler ils nous apprendraient quantité de petites aventures qu'on ne sait pas ». Les Tuileries constituaient, en effet, le lieu préféré des « jolis rendez-vous d'amour ». Dans ce jardin, les bocages donnaient aux amants des pensées « dont il était difficile qu'ils fussent inspirés ailleurs; surtout l'avant-midi, quand les promeneurs étaient rares, ce qui laissait une plus grande liberté aux douceurs du tête-à-tête (2) ».

Mais après le sacre de Louis XV et le voyage qui s'en suivit, le premier ministre ne trouva pas de son goût que Madame d'Averne eût des liaisons avec M. de Nocé, venu pour la cérémonie. On l'accusa aussi d'infidélité avec le duc de Richelieu. Le duc d'Orléans prit pour prétexte qu'il ne convenait pas que sa maîtresse restât à Versailles parce que cela donnerait un mauvais exemple au Roi. Il l'autorisa à venir manger avec lui à Paris et même à y coucher si elle voulait. Le règne de Madame d'Averne avait duré depuis le 12 juin 1721, jour où elle se livra contre argent, jusqu'au mois de novembre 1722. Son mari, nous l'avons dit, « en reçut le poste de gouverneur de Navarrins et des cornes et elle très peu de chose contre le déshonneur (3). » Ce très peu de chose était cependant appréciable puisqu'elle se fit assurer un fonds de vingt-deux mille livres de rentes avec deux maisons à Paris, rue de Richelieu. Elle se fit donner

(1) Mathieu Marais. *Journal et Mémoires*, ouv. cit., août 1721, t. II, p. 186.

(2) Funck-Brentano (Frantz) et d'Estrée (P.). *Les Nouvellistes*, Paris, 1905, 1 vol. in-16, 2e édit., p. 168.

(3) Mathieu Marais. *Journal et Mémoires*, op. cit., novembre 1722, t. II, p. 367.

également des habillements superbes, notamment une robe longue enrichie de boutons de diamant estimés à eux seuls cent mille francs (1).

Depuis sa rupture elle soupa une fois avec Philippe d'Orléans. Vexée dans son amour-propre elle lui dit au milieu du repas « qu'il allait passer sa vie à ivrogner tous les soirs avec des p... ». Piqué au vif, il lui répondit qu'il lui avait laissé M. d'Alincourt et M. de Richelieu pour se consoler et « que le seul exemple dû au Roi le faisait changer de manière ». Cette soirée acheva de dénouer la liaison. Et par forfanterie, Madame d'Averne se montra tous les soirs à l'Opéra en compagnie du duc de Richelieu et d'autres amants (2). Le gendre du Garde des sceaux, d'Autray, aima la jeune femme. Il lui écrivit que si elle ne répondait pas à sa passion, il serait mort dans trois jours. Pour toute réponse, elle lui envoya un capucin, afin qu'il ne mourût pas sans confession. De cette façon, elle se débarrassa de lui.

En dehors de Madame d'Averne le duc d'Orléans aima toutes les femmes de qualité qui s'offrirent. Citons Mesdames de Sessac, de Châtillon, de Flavacourt, de Gesvres, du Brossay, la maréchale de Villars et bien d'autres encore. La chanoinesse de Tencin le conquit au moyen d'un stratagème. Elle se mit toute nue sur un piédestal placé dans une garde-robe par laquelle le Régent devait forcément passer pour aller se coucher. Philippe, en voyant cette belle statue vivante, au corps moulé, ne put lui refuser l'hospitalité de sa couche. Mais le duc se dégoûta vite de la chanoinesse qui s'était trop hâtée de dévoiler ses ambitions. Pour expliquer cet abandon le prince dit crûment « qu'il n'aimait pas les p...s qui parlent d'affaires entre les draps (3) ».

Le duc de Richelieu, lui aussi, fit la conquête de

(1) J. Hervez. *La Régence galante*, Paris, 1909, in-8°, p. 56.

(2) Mathieu Marais. *Journal et Mémoires*, ouv. cit., novembre 1722-mars 1723, t. II, pp. 369, 431.

(3) Duclos. *Chroniques indiscrètes sur la Régence*, tirées d'un manuscrit autographe de Collé avec une notice et des notes de Gustave Mouravit, Paris 1878, in-4, pp. 51, 52.

nombreuses femmes mariées. La maréchale de Villars, la duchesse de Berry, Mesdames de Guesbriant, de Parabère, de Mouchy, de Sabran, la duchesse de Villeroi, la marquise de Duras, se donnèrent tour à tour à ce Don Juan de la Régence. Et s'il les délaissait pour courir à d'autres aventures, elles lui écrivaient en suppliantes. S'il acceptait de les revoir, c'est à genoux qu'elles revenaient, trop heureuses d'avoir de nouvelles preuves d'amour sur un simple canapé. Dans cette légion d'amantes, celle qui captiva le plus le cœur du duc de Richelieu fut sans contredit Madame Le Riche de la Poupelinière (1), épouse du fermier général dont le faste éblouit tout Paris. Le financier se faisait remarquer par ses incroyables largesses. Il recevait luxueusement ses amis, leur donnait des fêtes splendides dans son hôtel de la rue de Richelieu ou dans son château de Passy, somptueux domaine pour lequel il avait dépensé des sommes considérables. Il conviait à ses réceptions les personnalités les plus en vue du monde de la politique, de la finance, des lettres et des arts. « La plus haute noblesse et les plus jolies femmes de Paris étaient invitées », dit Marmontel.

Au milieu de ces fêtes continuelles, de cette magnificence, Madame de la Poupelinière recevait les hommages et les adulations des hommes les plus titrés. Beaucoup plus jeune que son mari, elle prêta une oreille attentive aux propos galants, aux madrigaux, que lui adressaient ses adorateurs. Elle avait trompé le fermier général avant son mariage, elle continua après, sans doute avec plus de plaisir. Tous les nouvellistes, gazetiers, chansonniers sont d'accord pour constater les infortunes conjugales de M. de la Poupe-

(1) Telle est l'orthographe exacte de ce nom; mais on prononçait couramment : La Popelinière. Mme de la Poupelinière était issue du mariage de Samuel Boulinon des Hayes avec une actrice de la Comédie-Française, Marie-Anne Carton-Dancourt. Mlle Thérèse des Hayes, ou plutôt Mlle Dancourt, car elle était plus connue sous le nom de famille de sa mère, avait 24 ans environ lorsqu'elle épousa le fermier général en 1737 après avoir reçu de lui une donation par contrat de mariage. Elle était déjà sa maîtresse depuis plusieurs années.

linière; mais s'il fut considérablement cocu, il ne négligea rien pour arriver à ce résultat (1).

Ce fut dans une de ces réunions élégantes que, vers 1744, Madame de la Popelinière rencontra pour la première fois le duc de Richelieu. Très flattée des compliments qu'il lui adressa, elle les accepta de façon à les encourager, heureuse qu'elle était d'avoir attiré l'attention du maréchal. Elle ne tarda pas à s'abandonner à son séducteur qui lui prodiguait ses caresses dans sa maison de la rue de Clichy, non loin de celle que le fermier général possédait dans la même voie, et à laquelle il se rendait fréquemment.

Leur liaison, mystérieuse au début, ne fut bientôt un secret pour personne, pas même pour La Popelinière que l'on eut la « complaisance » d'avertir par des lettres anonymes. Piqué par la jalousie, le mari n'osa cependant s'attaquer au duc de Richelieu trop grand seigneur pour lui et fit retomber toute sa colère sur sa femme. Bientôt des reproches muets on en vint aux récriminations, aux scènes et même aux violences. Le 24 avril 1746, notamment, Madame de la Popelinière fit constater par un commissaire au Châtelet que son mari l'avait frappée la veille à coups de pied dont elle portait la trace et qu'elle avait dû mander son médecin qui lui avait pratiqué trois saignées : deux aux pieds et une au bras. Loin de regretter ces sévices, le fermier général voulut aggraver ses torts en affirmant devant témoins que si sa femme osait jamais se représenter à sa table, il jetterait à terre son couvert et l'expulserait ignominieusement de sa salle à manger. Madame de la Popelinière dut s'aliter plusieurs jours.

Si le fermier général s'était laissé emporter à de telles extrémités, c'est que sa jalousie, son exaspération, s'étaient sensiblement accrues par l'attitude dédaigneuse de l'épouse infidèle et surtout par des lettres anonymes qui racontaient, avec des détails piquants, où et comment sa femme pouvait rencontrer

(1) H. d'Alméras et P. d'Estrée. *Les Théâtres libertins au XVIIIe siècle.* Paris, 1905, in-8, pp. 250-251 (15 frs, H. Daragon, édit., Paris.)

sans obstacles le duc de Richelieu. Celui-ci, informé de ce qui s'était passé, ne voulut plus exposer sa maîtresse à de semblables outrages. Il chercha donc un moyen de la voir sans que le mari en fut avisé par ses espions à gages. Pour déjouer les tentatives de ces derniers, les deux amants imaginèrent le truc de la cheminée tournante.

En examinant un jour dans la rue de Richelieu la maison contigue à l'hôtel de La Popelinière, le duc remarqua que l'une des chambres de cet immeuble devait probablement être mitoyenne avec le cabinet où se trouvait le clavecin de Madame de la Popelinière. S'en étant assuré, il fit louer sous un nom d'emprunt la maison en question et y mit comme concierge une femme de confiance, une dame Gérard, dont le fils était espion de police. Il résolut ensuite de faire percer dans le mur une ouverture ayant une issue dans la cheminée du cabinet de sa maîtresse. Le duc chargea de cette opération un de ses gens nommé Desnoyers. Celui-ci choisit deux maçons très habiles. Puis une nuit leur ayant bandé les yeux et fait effectuer en voiture mille détours dans Paris, il les conduisit dans la chambre où ils devaient travailler. Après leur avoir ôté leur bandeau, Desnoyers leur expliqua ce qu'ils avaient à faire. Il leur promit cinquante louis si la besogne était terminée avant le jour. Excités par l'appât du gain, les ouvriers l'eurent bientôt achevée. Ils posèrent ensuite dans la cheminée du cabinet de Madame de la Popelinière une plaque sur charnières et s'ouvrant à l'aide d'une clavette pour permettre le passage dans la maison voisine. Un panneau mobile recouvert d'une glace masqua le trou béant pratiqué dans l'appartement du duc. Desnoyers reconduisit les maçons avec les mêmes précautions qu'il avait prises pour les amener de façon qu'ils ignorassent toujours dans quel lieu ils avaient effectué leur travail.

A partir de ce moment, Madame de La Popelinière ne sortit que rarement. La surveillance dont elle était l'objet se relâcha peu à peu. Un calme relatif régna dans le ménage un moment si troublé. Le duc acheta le silence de la femme de chambre placée auprès de Madame de la Popelinière, une demoiselle Dufour. Et chaque nuit, sans éveiller l'attention, grâce à la cheminée, le duc se trouvait dans les bras de sa maîtresse. Par le même chemin, Mademoiselle Dufour venait rejoindre Desnoyers qui couchait dans l'appartement de son maître.

Malgré les précautions prises par le duc de Richelieu, le secret fut un soir sur le point d'être découvert. La Popelinière se rendit dans le cabinet de sa femme à l'heure où Richelieu avait coutume d'y venir. Pour signaler sa présence, le duc frappa, comme d'ordinaire, un coup à la cheminée. Madame de la Popelinière ne perdit cependant pas contenance. Feignant un accès de mauvaise humeur, elle se plaignit du bruit continuel que faisaient les voisins. Et, saisissant la pincette pour les faire taire, elle frappa à son tour deux coups précipités, signe convenu pour indiquer un danger à son amant. Richelieu garda alors un silence absolu. Quelques instants après le mari se retirait tranquille sans s'être douté du manège.

Pour éviter, à l'avenir, le retour de semblables ennuis, Madame de la Popelinière prit le parti de tirer chaque soir les verroux de sa porte, dans la crainte des voleurs, disait-elle. Ce devait être sa perte. Une de ses femmes de chambre, en effet, entendit maintes fois une voix masculine partant de l'appartement de sa maîtresse, alors qu'elle la savait complètement seule. Elle épia et finit par découvrir, sans se rendre compte du moyen employé, que quelqu'un pénétrait chaque soir chez Madame de la Popelinière.

Comptant se faire payer cher son silence, elle fit comprendre à Madame de la Popelinière qu'elle n'ignorait rien de ce qui se passait. Pour éviter un scandale, sa maîtresse lui alloua une pension de six cents livres. Au bout d'un certain temps, redoutant une trahison, elle saisit un prétexte pour se passer de ses services. Furieuse, la femme de chambre dévoila le secret au fermier général. Celui-ci résolut d'en finir. Après avoir cherché sans succès la trappe mystérieuse, il recourut à deux de ses amis.

Choisissant le jour du 28 novembre 1748, où il était invité avec Madame de la Popelinière à une revue passée par le maréchal de Saxe dans les plaines des Sablons, près de Chaillot, il prétexta un malaise et laissa partir sa femme dans un des carosses du grand homme de guerre.

Dès que la voiture se fut éloignée, La Popelinière manda ses amis Vaucanson et l'avocat général de Sauvot. Tous trois explorèrent l'hôtel de fond en comble. Arrivés dans le cabinet où se trouvait le clavecin, Ballot de Sauvot fit remarquer à ses compagnons que la cheminée ne portait aucune trace de feu, bien que la saison fut assez rigoureuse et que tous les foyers fussent allumés dans les autres chambres de la maison. Joignant le geste à la parole, l'avocat frappa du bout de sa canne la fameuse plaque qui rendit un son creux. Vaucanson s'étant mis à genoux et l'ayant examinée, avec soin ne tarda pas à découvrir l'ingénieux secret. Se tournant vers La Popelinière, il s'écria :

« Ah ! Monsieur, le bel ouvrage que je vois là ! et l'excellent ouvrier que celui qui l'a fait ! Cette plaque est mobile, elle s'ouvre; mais la charnière en est d'une délicatesse !... Non, il n'y a point de tabatière mieux travaillée. L'habile homme que celui-là ! — Quoi, Monsieur, dit de La Popelinière en pâlissant, vous êtes sûr que cette plaque s'ouvre ? — Vraiment, j'en suis sûr, je le vois; rien n'est plus merveilleux, ajouta Vaucanson ravi d'admiration. — Et que me fait votre merveille ? il s'agit bien ici d'admirer. — Ah ! Monsieur, de tels ouvriers sont fort rares ! J'en ai de fort bons, assurément, mais je n'en ai pas un qui... — Laissons-là vos ouvriers, interrompit La Popelinière... et qu'on fasse sauter cette plaque (1)

C'est ce que l'on fit et l'on découvrit la mystérieuse cachette. Peu après, Madame de La Popelinière, prévenue par Mademoiselle Dufour, se hâtait d'arriver sous la conduite du maréchal de Saxe Elle tenta

(1) MARMONTEL. *Mémoires* dans la collection des Mémoires relatifs à l'histoire de France au XVIIIe siècle, publiée par M. Barrière. Paris, 1846, in-18, Liv. IV, p. 146.

d'apaiser son époux. Mais celui-ci, lui mettant sous les yeux deux lettres du duc de Richelieu, se montra inexorable et renvoya sa femme.

Réfugiée dans un logement de la rue Ventadour, Madame de La Popelinière vécut modestement d'une rente annuelle que son ex-époux consentit à lui servir et à laquelle le duc de Richelieu ajouta douze cents livres. Regrettant ses fautes passées qui la privaient d'un luxe auquel elle était habituée, l'épouse coupable tenta maintes fois de reprendre la vie commune. Mais en vain. Bien que le duc de Richelieu ne cessa de lui rendre visite, elle se jeta dans les bras d'un nouvel amant, l'abbé de Sade, sans doute pour lui confesser ses péchés. Ce devaient être les derniers spasmes de la volupté car elle mourut d'un cancer au sein dans les premiers mois de 1752.

L'histoire de la cheminée tournante divertit Paris et eut les honneurs de la mode. On fit des tabatières, des coiffures, des éventails « à La Popelinière ». Les grandes dames et les actrices portèrent des bijoux appelés « plaques de cheminée. » La chanson non plus n'abandonna pas ses droits et versifia ainsi l'aventure :

Voulez-vous apprendre l'histoire
De Monsieur de la Popelinière :
Sa moitié, pour voir son galant,
Traversait une cheminée,
Qui semblait close par devant
Et par derrière était percée... (1)

Tout en considérant Madame de La Popelinière

(1) Campardon (E.). *La cheminée de Madame de La Poupelinière*, Paris, 1889, in-16, passim. — Moufle d'Angerville. *Vie privée de Louis XV* ou *principaux événements, particularités, anecdoles de son règne*. Londres 1781, 4 vol. in-8. — Capon (G.). *Les petites Maisons galantes de Paris au XVIIIe siècle*. Paris, 1902, in-8, p. 131. (H. Daragon, édit.). — Collé (Charles). *Journal et Mémoires sur les hommes de lettres, les ouvrages dramatiques et les événements les plus mémorables du règne de Louis XV* (1748-1772), publiés par H. Bonhomme. Paris, 1864-1868, 4 vol. in-8, t. I, p. 378. — Marquis d'Argenson. *Mémoires*, op. cit., t. V., p. 299. — Barbier. *Journal*, ouv. cit., t. IV, p. 326. — Faur. *Vie privée du maréchal de Richelieu contenant ses amours et ses intrigues*. Paris, 1790, in-8.

comme sa maîtresse préférée, Richelieu lui associa cependant, Mesdames de Boufflers et de Luxembourg. Ces grandes dames, de leur côté, ne se gênaient guère pour tromper mutuellement leur mari. La duchesse de Boufflers s'était laissée prendre par M. de Luxembourg et Madame de Luxembourg avait été subjuguée par M. de Boufflers. Ces liaisons demeurèrent mystérieuses pendant quelque temps; mais les époux ayant levé le voile qui les couvrait jugèrent convenable de ne pas s'adresser de reproches puisque leurs torts étaient réciproques. Les liens de l'amitié n'en devinrent que plus étroits. Un parfait accord régnait entre eux. Si l'amant se présentait dans l'un des ménages, le mari se retirait pour aller consoler la femme de l'arrivant. M. de Boufflers et M. de Luxembourg avaient loué chacun une petite maison, rue Cadet, aux Porcherons, située en face l'une de l'autre. De cette façon chaque mari savait où se trouvait sa femme par la présence ou l'absence de l'équipage de l'amant. S'ils se rendaient à l'Opéra ou ailleurs, M. de Luxembourg reconduisait Madame de Boufflers dans sa voiture et M. de Boufflers offrait la sienne à Madame de Luxembourg.

Petite-fille du maréchal de Villeroy et fille du duc de même nom, la duchesse de Boufflers n'en était pas à ses débuts. Ses écarts « illustrèrent cet hôtel de Boufflers que le plan de Jean de la Grive (1728), montre, dans la place Royale, comme le dernier de la rangée nord, près de la rue du Pas-de-la-Mule, et qui porte aujourd'hui le n° 24 (1) ». La vieille marquise de Boufflers avait exigé cette co-habitation pour pouvoir exercer une surveillance plus active sur sa trop légère belle-fille. Ce fut peine inutile. L'un de ses premiers galants fut M. de Fimarcon, amant de jeune mariée, « amant que toute femme devait avoir sous peine d'être ridicule ». Pour tromper la vigilance de la farouche belle-mère, M. de Fimarcon s'engagea parmi les laquais de la maison. Quand il en eut assez, il lâcha son

(1) Lambeau (Lucien). *La Place Royale. Paris* 1906, in-8, p. 331 (12 frs. H. Daragon, édit.)

agréable, mais incommode fonction (1). M. de Fimarcon ne manqua pas de raconter partout sa galante histoire. On le crut d'autant mieux qu'il avait pris la précaution de se montrer à des amis sous sa livrée. L'aventure ne porta guère ombrage à la réputation de Madame de Boufflers dont le nom figurait déjà sur le carnet de conquêtes de nombre de gentilshommes. Lorsqu'elle se présenta à la cour, en 1721, le comte de Tressan rima ainsi ses débuts :

Quand Boufflers parut à la Cour,
On crut voir la mère d'amour;
Chacun s'empressait à lui plaire,
Et chacun l'avait à son tour.

M. de Luxembourg, bien qu'ayant toutes les faveurs de Madame de Boufflers, fourrageait cependant avec Madame de Nocé. Les deux rivales qui se trouvaient enceintes en même temps se rencontrèrent, un jour, dans le cabinet de la Reine. M. de Luxembourg vint à entrer. Aussitôt, Madame de Boufflers montrant d'un geste expressif le ventre de Madame de Nocé et le sien, se mit à chanter *in petto* : « C'est le père à tretins, tretous ».

Que dire aussi de sa parente, Marie-Françoise-Catherine de Beauvau-Craon, marquise de Boufflers-Remiencourt (2), sinon qu'elle fut aussi libertine. Lorsque le marquis de Boufflers, maréchal de camp et capitaine des gardes du roi de Pologne, l'épousa en 1738 elle était déjà connue sous le sobriquet de *Dame de volupté*. Elle ne voulut pas durant son mariage contredire ce surnom. La marquise avait elle-même composé son épitaphe :

Ci-gît dans une paix profonde,
Cette Dame de volupté
Qui, pour plus grande sûreté,
Fit son paradis de ce monde.

(1) Lambeau (L.). *La Place Royale*, vol. cit., p. 332.

(2) Les Boufflers étaient originaires de la Picardie. Le 6 juillet 1585, un partage de terres fait entre les trois frères divisa la famille en trois branches : l'aînée à laquelle Louis XIV

Comment s'étonner de semblables débordements. Louis XV mit pendant tout son règne l'adultère à l'ordre du jour. Une folie érotique s'était emparée des dames de la Cour. C'était une véritable course aux amants.

Au nombre des concurrentes se trouvait la femme du premier Président, Jean-Louis Portail. Distinguée par Richelieu elle avait été proposée au roi comme maîtresse. Mais le roi, nous l'avons vu, « trouvant la candidate trop malicieuse, trop coquette, un peu folle et de plus, ayant au cou une difformité désagréable (1) » repoussa l'offre. A la suite de cet échec, Madame Portail se lança ouvertement dans le libertinage. Elle prit un nombre incalculable d'amants. « Aucun de son quartier ne lui échappa ». Elle se vanta d'avoir appartenu « suivant l'ordre méthodique des pavillons, à tous les habitants de la place Royale (2) ». Dans les premiers jours de juin 1726, madame Portail « cruellement jolie », fut atteinte de la petite vérole. Elle gardait le lit depuis trois semaines, lorsque M. Lambert de Torigny, président des requêtes du palais, qu'elle avait pour amant depuis quinze ans, eut la sottise de venir lui rendre visite. Il prit son mal et fut forcé de rester dans l'appartement du premer Président où il mourut dans la nuit du 23 juin 1726 après cinq jours seulement de maladie. L'aventure fit le sujet des conversations de la Cour et de la ville. Si elle était arrivée entre de jeunes étourdis elle eût été pardonnable; mais on trouvait plaisant qu'un amant de l'âge de M. de Torigny vint s'enfermer avec sa maîtresse parce qu'elle avait la variole (3).

Les débauches de Madame Portail soulevèrent un tel scandale, qu'on l'enferma dans un couvent, puis au donjon de Vincennes en 1746. Grâce à la protection de Madame de Pompadour elle fut rendue à la

décerna en 1695 le titre ducal; la deuxième, celle des Rouverel; la troisième, celle des Remiencourt.

(1) Lambeau (L.). *La Place Royale*, ouv. cit., p. 335.

(2) Lambeau (L.). *La Place Royale*, ouv. cit., p. 335.

(3) Barbier. *Journal*, ouv. cit., juin 1726, t. I, p. 241.

liberté au grand désespoir de son mari qui prit le parti d'abandonner sa fonction de premier Président pour ne pas être en butte aux railleries de ses collègues et éviter de paraître à chaque séance avec « un front des plus ornés (1) ».

Non moins curieuse est cette anecdote de l'abbé de Bois..., académicien aimable, qui s'oublia certain soir aux chastes côtés de la duchesse de... Tous deux ne songeaient qu'à reprendre sous les chaudes courtines, leurs doux ébats amoureux; lorsque la porte de la chambre s'ouvrit lentement livrant passage au duc qui venait précisément ce même soir sacrifier à Vénus. Surpris, l'abbé dit tout bas à sa partenaire :

— Dormez ou feignez de dormir, nous nous tirerons d'affaire.

Le duc s'avança vers sa femme et ne fut pas peu surpris en voyant sa place occupée. Il allait donner libre cours à sa colère, lorsque l'académicien, mettant un doigt sur sa bouche, lui dit d'une voix étouffée :

« — Chut !... chut !... vous en êtes témoin, j'ai gagné. — Quoi ? — Mon pari. Est-ce que vous ne le savez? — Non. — Chut !... Au nom de Dieu, ne faites pas de bruit. Hier Madame la duchesse afficha la prétention d'avoir le sommeil si léger, que le bourdonnement d'une mouche, selon elle, la réveillait. Sur cela je pariai cinquante louis qu'on se coucherait auprès d'elle sans être entendu, pourvu qu'il fit du vent. Elle accepta mon pari en se moquant de moi. Il fait du vent ce soir; je suis venu vous le voyez, j'ai gagné. Chut !... — Fort bien, mais quel extravagant pari, reprit le mari. — A la bonne heure, toutefois comme Madame aurait pu contester le succès de ma folle entreprise, ne me blâmez pas de vous avoir attendu avec l'impatience d'un joueur ardent à constater son avantage et à rendre ses droits irrécusables (2) ».

Tremblante, la duchesse faisait entendre des ronflements sonores. L'abbé de son côté s'habilla froide-

(1) Richelieu (maréchal duc de). *Mémoires*. 1793, ouv. cit., T. V. — Lambeau (L.). *La Place Royale*, op. cit., p. 336.

(2) La Gorse (de). *Souvenirs d'un homme de cour* ou *Mémoires d'un ancien page*, ouv. cit., t. I, p. 372.

ment et, sa toilette terminée, prit congé du mari avec sérénité.

Le lendemain, le galant académicien vint rendre visite à la duchesse avant que son mari ne soit sorti. L'épouse feignit d'ignorer l'événement de la veille, le duc ne lui en ayant soufflé mot. Avec finesse, l'abbé amena la conversation sur le prétendu pari. Sans renier sa gageure, la duchesse soutint qu'elle ne comprenait rien à une telle extravagance, qu'au surplus, elle ne voudrait pas ruiner ce pauvre abbé car son projet ne saurait se réaliser. Elle poussa la générosité jusqu'à lui rendre sa parole. L'amant, sans l'écouter, lui prouva que les conditions du pari avaient été scrupuleusement remplies. Elle se récria hautement. Mais il en appela au témoignage du mari en le priant d'excuser son acte téméraire. De bonne foi, le duc reconnut les faits et se prononça en faveur de son heureux rival. Cette décision inattendue parut surprendre vivement la duchesse qui versa les cinquante louis en jouant la mauvaise humeur. L'abbé rit de son succès tandis que le mari, tristement rêveur, tâchait de « cacher sa clairvoyance (1) ».

Carlin, l'arlequin des Italiens, bien que marié par inclination, fermait aussi les yeux sur les galanteries de son épouse et même en profitait. Les amours de celle-ci avec l'ambassadeur des Etats-Généraux ne faisaient un mystère pour personne. Elle se trouva même enceinte des œuvres de Son Excellence. Le mari paraissait très content de cette intrigue car, à ce qu'on disait, « l'ambassadeur lui faisait de gros biens ». Carlin était d'autant moins blâmable qu'il aurait perdu son temps à vouloir contenir sa femme dans des bornes honnêtes. Peut-être au moment de son mariage la croyait-il encore vierge; mais « pour peu qu'il fût un peu connaisseur, il ne doit pas avoir tardé à la mépriser, car la jeune personne avait souvent fait des échappées chez l'ami Brissault»(2) qui te-

(1) La Gorse (de). *Souvenirs d'un homme de Cour...*, op. cit., t. I, p. 374.

(2) *Journal des inspecteurs de M. de Sartines* (sic), documents inédits sur le règne de Louis XV. Première série. 1761-1764,

nait alors un temple d'amour au bois de Boulogne.

M. Moriau procureur du Roi de l'hôtel de ville se montra moins complaisant à l'égard de sa femme. Il avait épousé la fille de M. Dionis, ancien notaire et secrétaire du Roi. L'union, bien que contractée entre jeunes gens, ne fut pas heureuse. L'épouse eut des écarts de conduite que M. Moriau ne voulut pas excuser. La jeune femme quitta alors le domicile conjugal. Un curé de Paris consentit à l'y ramener au bout de quelques mois. Les chroniques disent qu'elle était enceinte. Le mari refusa de la recevoir et elle passa la nuit dans la loge du portier (1). L'histoire égaya Paris et le procureur Moriau eut son petit couplet :

Moriau tu te plains
De ta femme infidèle;
Crois-tu, petit robin,
Qu'elle est si criminelle ?
Non, non, toute la ville,
Pour elle te dira :
Que n'as-tu la béquille
Du père Barnabas ? (2)

La duchesse de Chartres, née Henriette de Bourbon-Conti n'échappa pas non plus à la contagion. Dès les premiers temps de son mariage avec le duc de Chartres — surnommé le *Gros Philippe* en raison de son embonpoint — elle se lança dans la voie de l'infidélité (3).

Bruxelles et Paris, 1863, in-12, pp. 311 et 312. — Berrier d'abord et ensuite Sartine combattaient chaque matin l'ennui du roi par le récit des anecdotes de la veille. On prétend que c'est Mme de Pompadour qui avait imaginé cette gazette pour charmer les instants de son auguste amant. Leur charge de lieutenant de police mettait les deux hommes à même de la rédiger. Louis XV prenait plaisir à ces historiettes, le plus souvent galantes. Et quand ses familiers paraissaient au petit lever, ils éprouvaient « la surprise, parfois peu agréable, d'entendre conter leurs secrètes équipées ».

(1) BARBIER. *Journal*, ouv. cit., t. II, p. 178.

(2) La chanson de la « Béquille du père Barnabas », composée vers la fin du XVIIe siècle, à l'occasion d'un capucin qui avait été dans une maison de filles et qui y avait laissé sa béquille, revint à la mode en 1737 et obtint une très grande vogue. (Note de Barbier, p. 179.)

(3) Née le 10 juin 1726, à Paris, la princesse de Conti avait épousé le duc de Chartres, le 17 décembre 1743.

Elle avait d'ailleurs, un tempérament passionné. A cette époque où le mariage n'était qu'un trafic d'impudicité, la princesse montrait avec si peu de retenue son amour impétueux pour son mari que, d'après la duchesse de Tollard, elle trouva le moyen de rendre son union indécente. Quand ils s'en furent donné à cœur joie la nuit comme le jour, aussi bien à la ville ou à la campagne et jusque dans le lit de leurs amis et celui de leur grand'mère, ils se dégoûtèrent brusquement l'un de l'autre. Le *Gros Philippe* s'aperçut que la princesse « le recevait d'une manière plus froide, qu'elle partageait plus rarement ses transports, et que,

S'il avait quelqu'heureux moment,
Il le devait à la nature
Et jamais au sentiment. (1) »

Le duc de Chartres pour reconquérir son cœur, chargea plusieurs artistes de talent de peindre le portrait de sa chère moitié. La duchesse s'intéressa particulièrement à l'un d'eux, Boucher, le célèbre peintre des Grâces et des Amours. Elle consentit à poser pour le tableau représentant Hébé faisant boire le nectar à l'aigle de Jupiter. A la dernière séance, au moment où Boucher disposait sur son modèle la guirlande de fleurs et la gaze légère qui composaient le costume de la déesse de la Jeunesse, la princesse passa un de ses jolis bras autour du cou de l'artiste et le couvrit de baisers voluptueux. Quelques secondes plus tard, Apollon triomphait de Vénus.

Tout à coup un bruit se fit entendre dans le cabinet voisin. Rétablissant le désordre de sa toilette Boucher reprit ses pinceaux tandis que la princesse se laissait tomber négligemment sur un sopha. Encore sous l'émotion du plaisir et de la honte d'une première faute, son charmant visage se trouvait coloré d'une teinte rosée. Le duc entra au même moment. Frappé de tant de charmes, il mit un genou en terre en s'écriant : « Non, non, il n'y eut jamais rien d'aussi

(1) Gazeau de Vautibault: *Les d'Orléans au Tribunal de l'Histoire.* Paris (H. Daragon, 8 fr. 50), 1888-1889, 7 vol. in-18, t. II, p. 290.

beau ! — Peignez, mais peignez donc en ce moment, M. Boucher ! » ajouta avec un sourire malicieux la volage duchesse (1).

Si Boucher fut le premier, il ne fut pas le dernier de ses amants. Nous citerons le prince de Soubise, le duc de Richelieu, les abbés de Bernis et de Martin, le comte de Polignac, les maréchaux de Saxe et de Lowendal, Louis XV même. Pour satisfaire sa lubricité, elle se livrait au premier venu, du prince du sang au petit collet le plus obscur, du gros bourgeois au cocher Lacroix. Ses dérèglements la firent surnommer la *Messaline du XVIIIe siècle.*

Au bout de cinq ans de vie conjugale, les deux époux se séparèrent à l'amiable. Faisant chacun « lit à part », ils se rencontraient seulement à l'heure des repas. La duchesse avait alors pour amant le comte de Drummont-Melfort et ne cachait guère sa liaison.

« La duchesse de Chartres voulant faire ses adieux au petit Melfort, son amant, qui était déjà censé parti pour son régiment, lui a donné rendez-vous au bois de Boulogne, d'où elle a renvoyé son carrosse, ses pages, ses valets de pied et femmes. Quand on a vu ce retour de suite à Saint-Cloud, on a voulu les faire retourner, mais on ne savait pas où trouver la princesse qui était égarée dans les bois (2) ».

Six mois après, la duchesse était déclarée enceinte de deux mois. « La duchesse a toujours le même amant avec beaucoup d'autres, elle s'est trouvée grosse. On a engagé son époux à couvrir cette œuvre de quelques nuits avec elle pour se croire l'auteur d'un ouvrage complet (3) ». Une semblable proposition ne peut surprendre, car le duc de Chartres était un mari bon enfant se souciant guère des galanteries de sa femme. Cependant, dans les derniers jours de l'année

(1) GAZEAU DE VAUTIBAULT. *Les d'Orléans au Tribunal de l'Histoire*, ouv. cit., t. II, p. 291.

(2) Marquis d'ARGENSON. *Journal et Mémoires*, op. cit., p. 494.

(3) Marquis d'ARGENSON. Idem, t. VI, p. 86.

1751 « il sortit de son apathie conjugale (1) ». En effet en novembre 1751, le duc déclara à la duchesse, à Fontainebleau « qu'il lui défendait de voir davantage le jeune Melfort, son amant, qu'autrement il la ferait enfermer dans un couvent. Ce prince a fait faire les mêmes menaces, et plus fortes à M. Melfort. La princesse s'en est courroucée et ne veut plus dîner avec son mari. Or, elle est grosse, et cela peut donner des soupçons aux Français que l'enfant ne serait pas Bourbon (2) ».

Ce n'était qu'une colère passagère puisque huit jours après le galant Melfort retournait au Palais-Royal et y passait, comme d'ordinaire, « les jours et les nuits avec la princesse (3) ».

Au début de l'année 1752, les discussions reprenaient entre le duc et la duchesse de Chartres au sujet d'un appartement vacant au Palais-Royal. C'est alors que survint la mort du duc d'Orléans qui, durant son agonie, invita sa bru à s'asseoir à son chevet et là, lui reprocha son indigne conduite, la menaçant même publiquement de la colère divine. Héritiers du duché d'Orléans, les époux devenaient presque irréconciliables. La maladie les rapprocha. Atteinte de la petite vérole, dans le courant de 1753, la duchesse d'Orléans en réchappa grâce aux larges vésicatoires que le médecin Petit lui appliqua aux pieds. Pendant sa maladie, elle demanda humblement pardon à son mari de ses fautes passées, le remercia des soins qu'il lui prodiguait. Et le duc, bonasse, écoutait placidement sa femme tandis que son dernier amant, le chevalier de Polignac demeurait constamment près d'elle (4).

Complètement rétablie, la duchesse d'Orléans reprit avec fougue sa vie de débauches. S'étant compo-

(1) H. d'Alméras et P. d'Estrée. *Les Théâtres libertins au XVIIIe siècle*, vol. cit., p. 90.

(2) Marquis d'Argenson. *Journal et Mémoires*, ouv. cit., t. VII, p. 23.

(3) H. d'Alméras et P. d'Estrée. *Les Théâtres libertins au XVIIIe siècle*, vol. cit., p. 91.

(4) H. d'Alméras et P. d'Estrée. *Les Théâtres libertins* etc., vol. cit., p. 108.

sé un mélange de servants d'amour, elle « afficha tous les scandales; accapara tous les opprobres (1) ». Elle avait au village de Reuilly, dans le faubourg Saint-Antoine, une « petite maison » appelée *La Folie-Reuilly* avec parc et labyrinthe. Elle descendait fréquemment dans les jardins du Palais Royal, se mêlant aux filles qui les fréquentaient, distribuant facilement ses faveurs, se jetant ainsi dans les amours les plus effrontées. Quand on lui demandait quel était le vrai père de son fils Louis-Philippe-Joseph (Philippe-Egalité), elle répondait avec un cynisme de courtisane: « Quand on tombe sur un fagot d'épines, peut-on savoir celle qui vous a blessée (2) ».

Ses excès, l'habitude des plats épicés, la conduisirent au tombeau dès l'âge de 33 ans, en 1759. Elle finit sa vie aussi impudiquement qu'elle l'avait menée. Elle rédigea un testament et recommanda qu'on l'ouvrit. C'était une chanson où elle passait en revue ses amants avec des moqueries libertines pour son mari et son entourage. Voici quelques extraits de cette sorte de pamphlet :

Mon gros mari tout consolé,
Par ma mort se croira vengé
Des cornes qu'à sa tête
Ont placé mes conquêtes.

Vous le verrez chez sa p... (3)
Bien renfermé soir et matin,
Négligeant la décence;
Il est du sang de France.

Polignac, mon très sot amant,
Me vit mourir indécemment.
Hélas, c'est une bête
Qui sert au tête-à-tête. (4)

(1) CRÉTINEAU-JOLY (J.). *Histoire de Louis-Philippe d'Orléans et de l'Orléanisme.* Paris, 1862-1863, 2 vol., in-8 t. I, p. 81.

(2) CRÉTINEAU-JOLY (J.). *Histoire de Louis-Philippe d'Orléans et de l'Orléanisme*, ouv. cit., t. I, p. 81.

(3) L'amie du prince à laquelle la duchesse donnait un qualificatif si désobligeant était une danseuse de l'Opéra, Mlle Le Marquis, célèbre dans les fastes de la galanterie parisienne.

(4) *Recueil Clairambault-Maurepas*, chansonnier historique du XVIIIe siècle publié avec introduction, notes et commentaires

Avec de tels exemples, la licence ne pouvait contenir ses bornes. On comptait à Paris « plus de deux mille femmes ou filles entretenues qui ont eu le crédit de faire enfermer leurs pères, leurs frères et leurs maris (1) ». La femme sous Louis XV, vivait dans une atmosphère de volupté dont elle ne pouvait s'échapper. D'ailleurs n'était-elle pas faite pour charmer. Jolie, fine, gracieuse, tout attirait en elle. Ses paniers brochés, sa taille moulée dans la gaine étroite et longue du corselet à pointes, « la gorge blanche émergeant des dentelles, les yeux brillants et spirituels sous le nuage poudré de la chevelure (2) » n'avaient-ils pas le don de faire tourner les têtes.

Le ridicule s'attachait à l'amour conjugal. Les époux, papillonnant chacun de leur côté, fournissaient l'un et l'autre des aventures piquantes à la société. A la perversité de l'esprit s'allia celle des sens. Le cocuage devint une occupation courante.

La marquise de Pierrecourt qui avait appartenu au maréchal de Lœwendal eût quelques passades avec un M. Dupré, fils d'un riche marchand. Elle soupa et coucha avec lui le 16 octobre 1761 à la petite maison de Brissault, située à la barrière Blanche. Pour n'être vus d'aucun domestique, les amants se firent servir par la femme Brissault. A minuit, ils montèrent se coucher. Le 10 décembre, les deux amoureux se retrouvèrent dans la même maison où ils consacrèrent à Vénus « depuis trois heures de l'après-midi jusqu'à six heures du soir ». Comme M Dupré se trouvait à court d'argent pour régler les frais de cette partie, il envoya la veille à Brissault une cafetière d'argent en le priant de la mettre en gage. Le dévoué entremetteur porta l'objet chez la Maillard qui lui prêta « sept louis d'or, moyennant trente-six sols d'intérêt par mois pour chaque louis (3) ».

par Emile RAUNIÉ. Paris, 1882, 10 vol. pet. in-8, t. VII, p. 384 (Le Testament).

(1) *Le Gazetier Cuirassé*, attribué à THÉVENEAU DE MORANDE. Paris 1771, in-8.

(2) DONATI (Béatrix). *L'Amour à travers les âges*, vol. cit., p. 176

(3) *Journal des Inspecteurs de M. de Sartines*, documents inédits sur le règne de Louis XV, op. cit., pp. 51 et 75.

Madame de Moriencourt, mariée à un gentilhomme de Saint-Omer et mère de plusieurs enfants, prit « des arrangements » avec le marquis de Torcy. Son mari ayant découvert qu'elle se lançait ouvertement dans la galanterie voulut la faire enfermer. Instruite de ce dessein, l'infidèle abandonna complètement son ménage et se réfugia à Paris. Dès son arrivée, on lui conseilla, pour calmer son mari, de s'enfermer dans un couvent. Elle se rangea à cet avis et entra aux Petites Cordelières, après s'être informée que cette maison était plutôt un temple de débauche qu'un asile de vertu et qu'elle aurait en ce lieu autant de liberté qu'à la ville. Le mari ignorant le scandale que soulevait cette retraite, s'en contenta et servit même une petite pension à sa femme pour qu'elle pût y vivre tranquillement. L'esprit de cette maison réveilla en Madame de Moriencourt son goût pour le libertinage. Elle consulta ses compagnes qui, toutes, lui conseillèrent de s'adresser à Brissault. Celui-ci, prévenu, vint examiner en détail les charmes de la dame et s'enquit de ses prétentions. Quelques jours après, il la mettait en rapport avec la marquis de Torcy. Le marché fut conclu immédiatement. Le marquis s'engagea à verser trois cents livres par mois à Madame de Moriencourt et à lui payer plusieurs robes. Il acquitta d'avance la première mensualité. Brissault reçut « son courtage » de la dame, c'est-à-dire la moitié de son mois, indépendamment « d'un petit honoraire » que lui remit M. de Torcy.

Madame de Ligny, épouse d'un avocat, usa du même procédé deux années plus tard et se retira aux Anglaises pour cacher ses amours avec le comte de Foudras. L'archevêque de Paris, instruit de cette liaison, ordonna de boucher le parloir de Madame de Ligny et défendit d'admettre le comte dans le couvent. Malgré ces précautions, M. de Foudras parvenait à voir sa maîtresse et à coucher souvent avec elle. Il y a tout lieu de croire que les amants avaient gagné à leur cause quelque tourière ou pensionnaire de la maison (1).

(1) *Journal des Inspecteurs de M. de Sartines*, 11 décembre 1761, pp. 72, 73, 18 février 1763, p. 246.

La marquise de Melun préférait les abbés à la noblesse. Plusieurs ecclésiastiques lui faisaient la cour sans beaucoup de succès. L'abbé de Fitzmorisse l'emportait sur tous. Sa liaison dura plus de deux ans. L'accès de la maison de sa maîtresse lui était d'autant plus facile que le mari se trouvait atteint de cécité. Cependant, on jasa tant haut dans le quartier. Pour s'éviter des ennuis, la trop chaude marquise s'entendit avec une de ses amies, Mademoiselle de Buclerc, pour que les épanchements amoureux eussent lieu chez elle trois fois par semaine. La marquise, quoique ni jeune ni jolie, était folle de son abbé qu'elle comblait de présents. Chaque jour, elle faisait prendre des nouvelles de sa santé et n'oubliait jamais de lui envoyer un cadeau.

Madame de Bauche, femme d'une conseiller honoraire, appartenait tout entière au prince de Condé et, malgré la jalousie de son mari, aurait tout sacrifié pour se conserver son amant. Le prince de Condé, lui associait, néanmoins Mesdames de Roncherolles et de Roncey; mais il ne voyait cette dernière que « pour contenter la grosse faim ».

La jolie baronne de Warseberg qui avait, suivant la chronique, prodigué ses faveurs au prince de Soubise lors de la campagne d'Allemagne, passait aussi pour une franche coquette. Le comte de la Marche ressentit l'effet de ses charmes et mit tout en œuvre pour parvenir à ses fins. La princesse Kinski, amie de la baronne, favorisait les tentatives de l'amoureux. Celui-ci envoya lettres sur lettres, cadeaux sur cadeaux à l'élue de son cœur sans pouvoir rien obtenir que des sourires. La baronne paraissait, cependant, l'encourager par des mots aimables. Des arrangements avaient été pris, il est vrai, chez une demoiselle Pauquet, marchande de modes de la rue Saint-Denis; mais madame de Warsberg apprit par une indiscrétion que le comte de la Marche était volage « et qu'il n'aurait pas plûtôt obtenu ses faveurs qu'il chercherait une autre conquête ». Bien qu'elle eut quelque penchant pour son soupirant, la baronne s'amusa dès lors à l'agacer, à recevoir ses lettres et à souffrir que sa femme de chambre y répondit en son nom en lui laissant des espérances. Une sevreuse d'enfants du nom de Grugelin, demeurant rue Neuve-d'Orléans, à la porte Saint-Denis, se chargea de recevoir et transmettre cette correspondance amoureuse.

Pendant que se déroulait cette intrigue, la baronne de Warseberg se délassait de ces importunités avec un jeune homme fort agréable, M. de Laumur, fils d'une ancienne femme de chambre et grand ami du baron qui avait « une pleine confiance en lui ». Sa confiance ne pouvait être plus mal placée.

S'apercevant enfin que Madame de Warseberg l'amusait et que la femme de chambre n'en voulait qu'à ses louis, le comte de la Marche se rabattit sur Madame Miton de Senneville, maîtresse du prince de Marsan et qui lui avait jadis appartenu. Car, le comte ne se brouillait jamais complètement avec ses maîtresses. Elle faisait souvent des « échappées » chez lui vers les neuf heures et demie du soir prétextant, auprès de son mari, un souper chez des dames de sa connaissance. Le comte de la Marche guettait son arrivée. Dès qu'elle paraissait, la porte s'ouvrait pour le recevoir et se refermait aussitôt (1).

La marquise de Voyer d'Argenson, elle-même, ne recula pas devant l'adultère. Elle traitait avec beaucoup de complaisance M. de Périgny, ex-maître des requêtes. Elle avait pour lui les plus grands égards lorsqu'il venait la voir et consignait sa porte à qui que ce soit. Bien qu'un profond mystère entourât cette liaison, les plus intimes de la marquise la regardaient comme la maîtresse de M. de Périgny. La marquise ne s'en tint pas là et fit d'autres conquêtes. M. d'Argenson qui n'ignorait pas son infortune, dit un jour au comte de Sébourg qui régnait alors sur le cœur de sa femme : « Il y a deux places qui vous conviendraient également : le gouvernement de la Bastille et celui des Invalides. Si je vous donne la Bastille tout le monde dira que je vous y ai envoyé; si je vous donne les

(1) *Journal des Inspecteurs de M. de Sartines*, liv. cit., pp. 141, 226, 227, 234, 242, 252.

Invalides, on croira que c'est ma femme (1). »

La marquise de Bezons trafiquait aussi de ses charmes avec l'intendant des finances M. de Boulogne que l'on considérait de tous côtés comme « l'ami particulier de madame et très peu celui du mari ». Ce dernier folâtrait de son côté; mais son libertinage lui laissa un cuisant souvenir. Après un voyage en Normandie, il courut le 25 août 1763 chez sa bonne amie la Superville qui demeurait faubourg Saint-Denis. Là, il s'amusa fort avec la demoiselle Saint-Cyr. « Comme il regorgeait de tempérament » et aimait le changement, il pria la Superville de lui amener une autre fille. L'entremetteuse lui présenta une demoiselle Testart qu'il trouva charmante. Aguiché par ce fruit nouveau, il « rassembla toutes ses forces » et se retira enchanté du plaisir qu'elle lui avait fait éprouver. Hélas, il ne s'était pas aperçu qu'il venait « de pomper dans ses flancs un venin qui ne se corrige qu'au bout de six semaines ». Etant venu déjeuner trois jours après chez la Superville, il lui déclara qu'il avait gagné à sa dernière visite « une galanterie des mieux conditionnées » et lui fit de violents reproches craignant que la marquise ne s'en aperçut (2).

Il arriva le même désagrément à Madame de Bussy. « Ses liaisons un peu trop particulières » avec le comte de Genlis, lui avaient procuré une maladie vénérienne. Son noble amant en avait hérité de la demoiselle Alexandrine « qui tombait quelquefois du haut mal » et avec laquelle il couchait journellement. Madame de Bussy se faisait soigner par un chirurgien qui, « sous un prétexte spécieux », lui purifiait le sang, « sans causer d'inquiétude au mari (3). » Elle n'en mourut pas moins en 1764, à l'âge de vingt ans, après trois ans de mariage et plusieurs liaisons.

La comtesse de Saint-Paul qui donnait aussi dans la galanterie, profita d'une soirée où elle ne voyait

(1) *Les Images galantes*, 16e fascicule, 15 janvier 1908, p. 62.

(2) *Journal des Inspecteurs de M. de Sartines*, op. cit., pp. 231, 316.

(3) Idem, p. 281.

pas son amant pour jouer un mauvais tour à son mari. Elle prit la place d'une demoiselle à qui il avait fixé rendez-vous. L'émotion le troubla à tel point qu' « il ne put rien faire ». Voyant cela, sa femme lui dit en riant, en se faisant connaître : « Vraiment vous êtes un bel homme à rendez-vous ! — Ah ! répondit-il, je ne m'en étonne pas... il sentoit sa vieille écurie (1) ».

Madame Pater, épouse d'un riche négociant hollandais, visait plus haut que certaines femmes, de son siècle et songeait rien moins que de devenir la maîtresse de Louis XV. Elle fit, dans ce but, de fréquents voyages à Versailles sans réussir dans ses tentatives. Elle se rabattit sur le prince de Condé et le prince de Soubise. Le premier battit en retraite au bout de peu de jours, « la foule lui avait fait peur ». C'est que les grâces et la beauté de Madame Pater attiraient de nombreux prétendants. Les plus grands seigneurs se rendaient en procession chez elle, au mécontentement du mari qui exerçait une surveillance incessante. Il dit un jour en les reconduisant : « Je suis très sensible, messieurs à l'honneur que vous me faites de venir ici ; mais je ne crois pas que vous vous y amusiez beaucoup ; je suis toute la journée avec Madame Pater, et la nuit je couche avec elle ». On fit sur elle plusieurs madrigaux dont voici un des meilleurs :

> *Pater* est dans notre cité,
> *Spiritus* je voudrais bien être,
> Et pour former la Trinité,
> *Filius* on en verrait naître.

Madame Pillon avait trouvé le moyen de sauver les apparences. Elle entretenait « fort honnêtement » un mousquetaire noir, M. Bouchette. Pour « vivre plus commodément dans ses amours », elle prit ce militaire en pension. Le mari trouvait cela tout naturel et la paix régnait ainsi dans le ménage. Quant à Madame de Saint-Julien, femme du receveur général du clergé, elle possédait un tempérament difficile à

(1) Tallemant des Réaux. *Historielles*, ouv. cit., t. II, p. 140.

contenter. Elle avait beaucoup de complaisance pour M. de Maillebois. Pour chasser l'ennui de cette liaison, elle prit un tendre attachement pour un gentilhomme du roi, M. Fontaine, et venait souvent se glisser dans sa couche. Cela ne lui suffisait pas. Aussi, elle leur adjoignit le chevalier de Coigny et un beau jeune homme nommé Gentil-Bernard. Le mari ne s'apercevait de rien. D'ailleurs, depuis longtemps il s'embarrassait peu de la conduite de sa femme.

Madame Grimod de la Reinière menait une vie aussi déréglée que Madame de Saint-Julien. Elle eut plusieurs liaisons et associa entre autres M. de Caze à M. de Lugeac son amant depuis longtemps (1).

Il s'en trouvait qui prenaient un « guerluchon » en dehors de leur amant en titre. Témoin cette marquise de l'Hôpital qui entretenait le comédien Clerval, attaché aux Italiens et ancien acteur à l'Opéra-Comique. Depuis nombre d'années le prince de Soubise s'était institué le protecteur de la dame. Elle profitait de tous les bienfaits qu'il lui faisait pour enrichir le baladin. Elle lui avait offert des bijoux et une garde-robe magnifiques et l'avait confortablement meublé.

La baronne de Noder faisait également parler d'elle. Deux versions couraient sur son compte. L'une la représentait surprise par son mari au moment où, « en timorée pénitente », elle adoucissait les vœux de son confesseur ce qui, malgré une excessive tolérance du mari, l'avait contraint à renvoyer l'infidèle dans sa famille. L'autre attribuait la mésintelligence des époux à l'incompatibilité de leurs caractères : Monsieur était joueur, buveur, se livrait « à des penchants ignobles; Madame était dissimulée, irascible, galante (2) ».

La femme du ministre de Russie, Madame de Soltikoff, voulut également goûter à l'amour défendu. Elle trompa son mari avec M. d'Aymard de Villemare,

(1) *Journal des Inspecteurs de M. de Sartines*, liv. cit., pp. 232, 241, 245, 248, 253.

(2) LA GORSE (de). *Souvenirs d'un homme de Cour* etc., ouv. cit., t. II, p. 135.

ancien gendarme de la garde, qui avait réussi à devenir un ami du ministre. Ce dernier, d'une jalousie féroce, trouva suspectes les fréquentes visites du gentilhomme et lui interdit sa porte. Afin de déjouer les espions qui l'entouraient et avoir le plaisir d'embrasser tous les jours l'objet de ses rêves, Madame de Soltikoff usa d'un stratagème. Comme elle pouvait compter sur la fidélité de son cocher et de ses laquais, elle recevait son amant dans son carrosse. C'était ordinairement rue Saint-Martin au coin de la rue de Montmorency ou de celle de Transnonain (1), et toujours à la tombée de la nuit, qu'avaient lieu les rendez-vous. M. d'Aymard « jouissait comme il pouvait de la dame », marquant néanmoins quelque inquiétude car il portait toujours sur lui des pistolets de poche. Sa maîtresse, également, ne se trouvait pas à son aise pour prendre ses ébats, non pas que les coussins ne fussent confortables, mais craignant à tout moment d'être surprise. Un soir à la Comédie-Italienne elle ne cessa de faire des minauderies à son ami. Le public s'en aperçut. Comme on faisait remarquer à M. d'Aymard que sa dulcinée ne prenait pas assez de précautions, il répondit : « Elle est folle, je suis sur les dents et ce soir, cependant, il faudra encore travailler : les femmes sont insatiables ».

Mme d'Epinay se montrait aussi partisante du ménage à trois. Tout d'abord fidèle à son mari, elle trouva sur sa route Mlle d'Ette, maîtresse du chevalier de Valory. Cette dernière, pour inspirer confiance et sympathie, se présenta timidement. Puis, choississant un jour où sa proie montrait de la tristesse, elle l'instruisit savamment dans l'art de tromper son mari. La douce victime nous l'a finement conté : « C'est l'ennui du cœur que je soupçonne en vous, lui dit Mademoiselle d'Ette, et non celui de l'esprit. Oui votre cœur est isolé ; il ne tient plus à rien, vous n'aimez plus votre mari, et vous ne sauriez l'aimer. Vous ne guérirez de cette funeste maladie qu'en aimant quelque autre objet plus digne de vous... Ne protestez

(1) Qui s'appelait aussi « Troussenonain » et « Trousseputain ».

pas, vous en aimerez d'autres, et vous ferez bien; trouvez-en seulement d'assez aimables pour vous plaire... Ce qu'il vous faut, c'est un homme de trente ans, raisonnable, un homme en état de vous conseiller, de vous conduire, et qui prenne assez de tendresse pour vous pour n'être occupé qu'à vous rendre heureuse... Eh quoi, vous voudriez que cet homme, s'il existe se sacrifie pour vous et se contente d'être votre ami. Mais je prétends qu'il sera votre amant... Ne vous scandalisez pas. Je ne vous propose pas d'afficher un amant, ni de l'avoir toujours à votre suite; il faut au contraire qu'il soit l'homme du monde qui paraisse le moins possible avec vous... Ne vous préoccupez pas outre mesure de ce qu'on pourra dire dans le monde... Je vous promets qu'avant peu vous trouverez ma morale simple, et vous êtes faite pour la goûter... (1) ».

M. de Francueil, comme par hasard, se présentait bientôt pour faire sa cour... Et quelques mois plus tard, Madame d'Epinay se voyait obligée d'avouer à son professeur de morale qu'elle avait cédé à l'amour de Francueil. Pouvait-il en advenir autrement quand elle trouvait à son séducteur « une politesse si aisée, de la grâce à tout ce qu'il fait, une complaisance, une douceur charmante ». Leur passion devint très vive. Madame d'Epinay s'écriait plus tard : « Francueil ! Francueil !... Tu as abusé de l'empire que tu t'es reconnu sur moi. Comment t'aurais-je résisté à toi que j'adore encore malgré ta séduction... Oui tu seras à jamais l'objet de toute ma tendresse (2) ». Si M. de Francueil partait en voyage, une correspondance suivie s'établissait aussitôt entre les deux amants. Quelles étaient délicates ces tendres missives ainsi qu'on peut en juger :

« Epinay, 1749. — Tu crois être absent, peut-être ? Ah ! cher ami, tu te trompes; tu ne m'as pas quittée. Je t'ai vu partout, je t'ai senti près de moi. Ta main a pressé la mienne;

(1) Mme d'Epinay. *Mémoires et correspondance*. Paris, 1818, 3 vol. in-8, t. I, pp. 123 et suiv.

(2) Mme d'Epinay. Idem.

mon cœur a palpité. Pourquoi cette illusion ne peut-elle pas durer jusqu'à ton retour ? Que fais-tu actuellement ? Où es-tu ? Tu penses à moi, n'est-ce pas ? J'ai vu ton cœur serré en me quittant; à peine tu retenais tes larmes. As-tu lu dans mes yeux ma douleur ?... Ah ! cher Francueil, donne-moi de tes nouvelles ! Je voudrais avoir le plan de ta chambre, de la maison que tu habites, de tous les endroits où tu peux te trouver sans moi. Tu vois par ce souhait, que je ne peux pas être un seul moment sans penser à toi. (1) »

Comme presque toujours, M. d'Epinay ignorait l'étendue de son malheur. Il recevait l'amant et soupait même quelquefois avec lui à la petite maison de Brissault, notamment le 7 mai 1763 en compagnie du président Salaberry et des « demoiselles Dubuisson, Maisonville et Duplessis (2) ».

Quelques femmes savaient, cependant, résister à la tentation. C'est ainsi que le fermier général Dongé, rencontrait souvent en société une femme de condition venue à Paris avec son mari pour solliciter quelque faveur de la Cour. Les grâces, l'amabilité, la fraîcheur de la jeune épouse charmèrent le vieux libertin. Il essaya de s'immiscer auprès d'elle, mais sans succès. Ses désirs ne s'en irritèrent que davantage. En désespoir de cause, il alla trouver la fameuse surintendante des plaisirs de la Cour et de la ville, Madame Gourdan, que par une dénomination plus honorable on appelait la *petite comtesse*. «Cette femme était surtout utile aux étrangers, comme d'une grande ressource pour eux. » Il lui fit part de son amour et lui déclara être disposé à tous les sacrifices pécuniaires si elle pouvait déterminer cette beauté à exaucer ses vœux Il ajouta que la dame était peu fortunée et l'autorisa à ne ménager aucune proposition pour triompher de la résistance de la belle (3). L'entremetteuse,

(1) Annie de Pène. *Les plus jolies lettres d'amour*. Paris, 1909, in-16, 3e édit., pp. 105, 106.

(2) *Journal des Inspecteurs de M. de Sartines*, ouv. cit., p. 277.

(3) Pidanzat de Mairobert. *L'Espion Anglois* ou *Correspondance secrète entre milord All'eye et milord All'ear*. Londres, 1777-1786, 10 vol. in-12, dont un de supplément, t. II, pp. 127 et 138. Les quatre premiers tomes sont intitulés *L'Observateur anglois*, mais à partir du cinquième, les libraires reprirent le

sur la promesse de forts honoraires, commença par lier connaissance avec la femme de chambre et se ménagea un accès chez sa maîtresse en qualité de marchande à la toilette. En présence de la dame, elle comprit bien vite qu'elle avait un faible pour les diamants; mais que le manque d'argent l'empêchait de s'offrir cette coûteuse fantaisie. La Gourdan rendit compte de sa mission à Dongé qui courut chez un bijoutier et lui acheta la plus belle parure qu'il eût. Persuadé d'éblouir la provinciale avec de pareils bijoux, il les remit à l' « appareilleuse ». Celle-ci s'y prit adroitement, la commission devenant de plus en plus délicate à cause de l'époux. Elle pria donc la dame de se rendre chez elle secrètement pour voir les brillants en question, très beaux et pas chers, le propriétaire étant obligé de s'en défaire à bon compte. La jeune femme accepta le rendez-vous plus commode pour elle qui voulait effectuer son achat à l'insu de son mari. Donc, un dimanche matin, sous prétexte d'aller à l'église, elle se rendit chez la prétendue marchande à la toilette qui, de son côté, avait annoncé au fermier-général « que la beauté, docile à ses désirs, consentait à une entrevue ». La petite oie blanche arrivée la première, la petite comtesse lui déploya les diamants, lui mit les girandoles aux oreilles, la bague au doigt, le collier au cou. La dame tout en admirant les joyaux, marqua ses craintes qu'ils ne fussent bien chers. L'hôtesse l'assura du contraire et introduisant le financier : « Voilà le propriétaire; vous vous arrangerez à merveille ensemble : je vous quitte ». Elle sortit aussitôt « laissant la victime en proie aux désirs effrénés du vieux paillard » qui, s'imaginant ses propositions acceptées, se mit en devoir de cueillir les fruits de ses avances. Pétrifiée, l'inconsciente repoussa le fermier général avec indignation. Etonné, il lui demanda si elle pensait recevoir impunément un cadeau. Une explication orageuse s'en suivit au cours de laquelle elle apprit où elle se trouvait. Refusant

titre primitivement choisi par l'auteur qui avait tout d'abord « répugné à leur délicatesse, comme bas et malhonnête », ainsi qu'ils l'expliquent dans leur avertissement.

énergiquement de satisfaire la lubricité du paillard, elle se précipita vers la porte, mais la clef en avait été retirée. Elle sonna, fit du bruit. Le vieillard, voyant que la scène tournait décidément à son désavantage, mit les diamants dans sa poche. La triste entremetteuse, qui observait tout par une ouverture secrète, rendit la liberté à l'imprudente. Celle-ci, furieuse, menaça la Gourdan de la faire enfermer à l'Hôpital. Puis, craignant que son aventure ne s'ébruitât, elle garda le silence jurant de se méfier, à l'avenir, des marchandes à la toilette (1).

La princesse d'Hénin et Madame de Martinville étaient moins vertueuses. Toutes deux réussirent à captiver le cœur du chevalier de Coigny dont les bonnes fortunes ne se comptaient plus. La duchesse de B... (2) ayant eu des bontés pour le galant chevalier, il sacrifia les deux personnes à son Altesse. Le lundi gras, la princesse d'Hénin, rongée par la jalousie, se masqua jusqu'aux dents. Rencontrant la duchesse de B..., masquée comme elle, elle affecta de la prendre pour Madame de Martinville. Lui ayant fait un compliment ironique sur son succès, la princesse ajouta qu'elle n'en était pas surprise étant données ses grâces, sa beauté, sa jeunesse. Toutefois, elle marqua son étonnement de ce que de Coigny l'eût quittée, elle Martinville, pour une grande dame, sans doute fort respectable par les titres et la naissance, mais pleine de défauts dans sa personne. Ce disant, elle entra dans force détails humiliants. Très embarrassée, la duchesse protesta et fit remarquer à la rivale qu'il y avait méprise, qu'elle n'était pas madame de Martinville. La princesse insista et, sans songer qu'elle se dégradait elle-même, elle s'écria dans son emportement : « Vous avez beau vous contrefaire beau masque, entre p...s nous nous connaissons toutes (3) ».

(1) Pidanzat de Mairobert. *L'Espion Anglois*, ouv. cit., t. II, p. 139 et suiv.

(2) Vraisemblablement la duchesse de Berry.

(3) Bachaumont (L. Petit de). *Anecdotes piquantes et galantes*, publiées par J. Gay, Bruxelles 1881, in-16, p. 189, 3 mars 1773.

Les charmes de Madame de Morlé triomphèrent du comte de Caylus alors qu'il était en garnison à Metz. Mais il dut lui prodiguer des transports et des caresses. Il n'assura son bonheur qu'au prix de « toutes ces petites minauderies ». Cette femme accoutumée à n'avoir que des abbés, des étudiants pour adorateurs voulut le traiter comme eux. Sa curiosité, son indiscrétion sur ses démarches, l'emploi de son temps firent qu'il secoua le joug qui pesait sur lui. Les deux amants allaient se séparer, lorsque l'épouse d'un officier distingué, Madame de Cherpille, jeta les yeux sur M. de Caylus. Celui-ci se disposait à suivre sa nouvelle conquête, « quand Madame de Morlé, ennemie mortelle de sa rivale, fit tous ses efforts pour le retenir (1) ». Peu à peu, le comte espaça ses visites et fréquenta Madame de Cherpille dont la beauté et l'esprit l'avaient complètement charmé : Madame de Morlé s'aperçut bien vite qu'elle était délaissée et jura de se venger avec éclat. C'était précisément l'époque où l'on donnait des bals publics à l'occasion du carnaval. Madame de Cherpille envoya un billet au comte en le priant de se rendre le même soir à une soirée dansante où elle irait costumée en domino blanc A minuit, il entra au bal en simple domino. Le premier masque qu'il aperçut fut un domino blanc. Ne doutant point qu'il cachait Madame de Cherpille, il se mit à le suivre et à lui marquer de l'empressement. S'étant réfugié dans un angle de la salle, le masque lui dit : « Je suis contente ; malgré ma rivale, je vous possède enfin. Est-il bien vrai que vous m'aimez? » Le comte l'assura de sa tendresse en termes éloquents tout en déblatérant Madame de Morlé. Mais cette dernière, car c'était elle, se démasquant tout à coup s'écria avec colère : « Quoi, traître ! Quoi, c'est toi qui ose me parler ainsi. Voilà donc l'effet des promesses que tu m'as faites? Cruel ! » On ne peut plus surpris en reconnaissant son ancienne maîtresse, M. de Caylus demeura un instant immobile. Il allait tenter de se justifier lorsque plusieurs masques firent cercle au-

(1) Comte de CAYLUS. *Œuvres badines complettes*. Amsterdam et Paris, 1786-1787, 12 vol. in-8, t. XI, p. 23.

tour d'eux. Les amants s'échappèrent et M. de Caylus se trouva brusquement auprès de Madame de Cherpille. A son grand étonnement elle feignit de ne pas le reconnaître. Aux questions qu'il lui posait, elle paraissait même surprise de la liberté qu'il prenait de lui parler. Désabusé, il s'éloigna de Madame de Cherpille, préférant le mépris aux reproches (1).

Sous Louis XVI et aux approches de la Révolution, le relâchement des mœurs devint extrême dans toutes les classes de la société. Les préjugés n'entravaient guère la dépravation, à la mode dans le monde et à la Cour. La corruption avait institué tous les vices. Au milieu de cette dissolution générale, bourgeoises et grandes dames entraînées par le courant, s'abandonnaient « aveugles, inconscientes, à la vie de plaisirs faciles qu'elles n'avaient pas la pudeur de dissimuler (2) ». Nul ne se piquait de fidélité conjugale.

Madame Dugazon, actrice de la Comédie-Italienne, en était à son quinzième ou seizième galant depuis qu'elle avait quitté son mari, lorsque celui-ci s'avisa de la trouver mauvaise. Le comte de Z... se trouvait chez la belle, quand M. Dugazon vint troubler la séance d'amour. Au bout d'un instant, il dit à sa femme : « Madame, veuillez souhaiter le bonsoir à M. le comte; aujourd'hui, je reste ici. » Tremblante, la belle bégaya un adieu à son amant en lui faisant signe d'éviter toute discussion. Le mari resta ainsi maître de la place. Mais le comte, de fort mauvaise humeur, cela se conçoit, disait le lendemain à qui voulait l'entendre que Dugazon n'était qu'un drôle, un polisson et « qu'il lui couperait les oreilles ». Le mari conserva ses oreilles; mais elles s'échauffèrent fortement par tous les propos qui coururent la ville. Le hasard voulut que Dugazon rencontrât son rival. Après une courte explication, le comte reçut du mari un soufflet retentissant. Le noble amant lui rendit aussitôt la mon-

(1) Comte de CAYLUS. *Œuvres badines complettes*, ouv. cit., t. XI, p. 24.

(2) *Souvenirs* du comte de MONTGAILLARD, vol. cit., p. 72.

naie de sa pièce. Les deux hommes allaient en venir aux mains lorsqu'on les sépara. La police s'en mêla et, malgré ses talents, Madame Dugazon fut menacée d'être incarcérée dans une maison de force. Grâce à de hautes influences, l'affaire en resta là. Les deux rivaux en furent chacun pour leur gifle. Comme on demandait au « Caveau » ce que le comte ferait de son soufflet : « Parbleu, répondit un plaisant, il le mettra avec les autres (1) ».

Si un prétendant avait de puissants appuis, il n'hésitait pas à sacrifier le mari pour arriver à ses fins. C'est ainsi que l'on vit le comte de La Marche employer le lieutenant-général de police, M. de Sartine, à séduire Madame Thiroux de Monregard. Ce magistrat ne se refusa pas à conduire, lui-même, la victime dans la chambre du comte et « à lancer une lettre de cachet contre le mari dont on n'avait pu acheter la complaisance (2) ».

Les maris devenaient quelquefois victimes de leur trop grande confiance envers leurs femmes

Ainsi un fermier général, qui aimait son épouse et s'en croyait adoré, disait à tout le monde qu'il avait « dans son lot le bonheur de tous les autres » et que la tête de sa femme brûlait d'amour pour lui. Le financier vivait dans cette idée, lorsqu'il reçut un billet lui annonçant qu'il était cocu et que, s'il voulait s'en convaincre, il n'avait qu'à se rendre le lendemain matin vers les neuf heures à son grenier et qu'il trouverait sa femme dans une situation non équivoque. Le mari déchira tout d'abord ces lignes dénonciatrices, en n'y attachant que peu d'importance. Puis, se ravisant, il résolut de s'assurer du fait. Il se rendit donc au grenier à l'heure indiquée et entendit clairement ces paroles : « Eh ! Guillaume, laisse là tes chevaux et panse moi, car j'en ai plus besoin qu'eux ; mon benêt de mari... » L'époux, furieux, ne laissa pas achever et

(1) *La Chronique scandaleuse* ou *Mémoires pour servir à l'éducation présente*, attribué à Guillaume-Imbert de Boudreau, ex-bénédictin défroqué. Paris 1785-1787, 2e édition, 3 volumes in-12. t. I, p. 41.

(2) *Souvenirs* du comte de Montgaillard, ouv. cit., p. 74.

se précipita vers l'endroit d'où partait ce galant entretien. En l'apercevant, sa femme se releva majestueusement. Il allait la rouer de coups, lorsqu'elle arrêta son bras :

« — Frappe, mais écoute. J'en avais une furieuse envie, et ton cocher m'a paru un homme sans conséquence; je ne t'en aimais pas moins, crois-moi, n'allons pas nous brouiller pour des bagatelles de tempérament, mon ami, le cœur fait tout (1) ».

Le financier, qui ne s'attendait pas à pareille réponse, en resta stupide d'étonnement. On comprend aisément qu'il ne reçut pas cet aveu en plaisantant ; mais au lieu de se tenir coi, il eut la sottise de divulguer son histoire. Et l'on en rit à ses dépens. Il n'a pas agi comme cet homme qui revenant d'Amérique après un long voyage se vit présenter par sa femme six jolis enfants. Il demanda tranquillement : « Qu'est-ce que cette troupe d'amours? — Eh ! ce sont nos enfants » répondit sérieusement « l'honnête épouse ». — « Je ne me croyais pas une aussi aimable famille », reprit-il. Puis, après une pose, il ajouta : « Oh, ça ma bonne, nous n'en ferons plus d'autres, nous en avons assez, n'est-ce pas ? (2) ». Voilà ce qu'on peut appeler un mari vraiment philosophe.

Un autre mari très débonnaire, ne s'inquiétait nullement de la conduite de sa tendre moitié. Certain jour, cependant il eut la maladresse de rentrer chez lui sans bruit. Pénétrant ensuite dans l'appartement de sa femme, il la surprit en galant tête à tête. Les deux amants se trouvaient dans une fâcheuse position. L'époux trahi allait-il exercer sa vengeance? Nullement. Après un instant d'un silence gênant, il se retira en disant avec un flegme imperturbable : « Quelle imprudence, Madame, si c'était un autre que moi (3) ».

M. de C..., exempt des gardes du roi, témoigna de

(1) *La Chronique scandaleuse*, ouv. cit., t. I, p. 120.

(2) *La Chronique scandaleuse*, op. cit., t. I, p. 121.

(3) Nougaret (J.-B.). *Aventures parisiennes avant et depuis la Révolution*. Paris 1808, 3 vol. in-12.

plus de naïveté. Au début de son mariage, il laissait sa femme reposer seule dans la couche conjugale. Un soir qu'elle était au lit, il vint lui souhaiter bonne nuit, quand brusquement il entendit du bruit dans la garde-robe. Prenant un flambeau, il pénétra dans la pièce. Quelle ne fut pas son étonnement en apercevant une forme humaine qui cherchait à se dissimuler sous une robe. Ayant soulevé le vêtement, il découvrit un beau jeune homme. Sommé d'expliquer sa présence, celui-ci répondit d'une voix tremblante d'émotion « qu'il était venu pour dérober un objet dont le mari n'avait pas assez de soin ». — « Comment reprit le mari, n'êtes-vous pas honteux de faire un si vilain métier? Vous mériteriez que je vous fisse arrêter ». Mais il se laissa fléchir devant le physique agréable de l'inconnu et lui ouvrit la porte tandis que l'épouse, tout apeurée, n'osait en croire ses yeux.

A quelque temps de là, M. de C... s'étant rendu chez le Roi, rencontra dans les appartements son pseudo-voleur. S'approchant de l'huissier de service, il lui fit tout bas cette remarque : « Que faites-vous ici de ce grand coquin-là? — Que dites-vous Monsieur? reprit l'huissier. C'est M. le chevalier de C... — Eh bien, mon ami, ajouta l'époux, M. le chevalier de C... est un voleur et il n'a tenu qu'à moi de le faire pendre (1) ».

M. de C... crut parfaitement à cette histoire. Le plus drôle c'est qu'assistant à un grand dîner avec sa femme la conversation vint à tomber sur le vol et qu'il affirma que des jeunes gens de qualité se laissaient entraîner à ce vice. Et malgré les instances de son épouse pour le faire taire, il raconta l'aventure du chevalier. On juge si les invités durent se divertir et le tourner en ridicule.

Une autre fois, ce fut un mari qui découvrit et dévoila son infortune bien malgré lui. Etabli commerçant, il avait entrepris un petit voyage nécessité par ses affaires. Devançant son retour, il revint au milieu de la nuit et s'empressa de se reposer aux côtés de sa

(1) *La Chronique scandaleuse*, ouv. cit., t. I, p. 126.

douce moitié très étonnée de cette arrivée imprévue. Au matin, il se leva vivement et passa une culotte qu'il avait coutume de placer derrière son oreiller. Puis il descendit dans sa boutique vaquer aux besoins de son commerce. Un voisin étant venu effectuer un achat, s'écria tout à coup : « Mais, mon compère vous avez là une bien magnifique culotte ». Notre homme baissa les yeux et constata avec stupéfaction que ce n'était pas la sienne, celle qu'il avait revêtue étant en superbe velours cramoisi agrémentée de jarretières d'or. Il fouilla dans les goussets et y trouva cinquante louis Il comprit. Cette riche culotte appartenait à l'amant troublé dans sa bonne fortune qui n'avait eu que le temps de se glisser en chemise dans la ruelle du lit. Et ce mari pacifique rit sous cape en songeant que celui qui partageait avec lui « les trésors de l'hymen » avait été obligé, pour sortir décemment, de mettre son vieux haut-de-chausses (1).

Pendant la période révolutionnaire l'amour et l'adultère ne perdirent pas leurs droits. La passion tourna à la fièvre, à la frénésie, contrastant singulièrement avec la galanterie et le libertinage des derniers jours de la Monarchie. On s'aimait d'autant plus librement que tout le monde, apeuré, tremblait pour le lendemain, qu'à tout moment on voyait sa vie menacée, qu'à chaque instant le grand « rasoir national » et son « barbier » risquaient d'en trancher le fil. Aussi s'aimait-on furieusement dans la crainte d'être séparé pour toujours. Le plus souvent les liaisons interrompues quelques semaines, se renouaient dans une sombre prison. Les amants jouissaient l'un de l'autre dans l'ombre d'un cachot. La femme se laissait reprendre avant de mourir.

Dans les premiers temps de la détention beaucoup de femmes avaient été incarcérées au Luxembourg. On leur avait permis de recevoir des hommes du dehors. On se fait une idée de ce qui devait se passer. Un jour l'inspecteur des prisons, Marino, dit à ces dames : « Savez-vous ce que l'on répand dans le pu-

(1) NOUGARET (J.-B.). *Aventures parisiennes avant et depuis la Révolution*, vol. cit.

blic, que le Luxembourg est le premier b... de Paris, que vous êtes ici un tas de p...s qui..., et que c'est nous qui vous servons de maq... (1) ».

Le costume féminin incitait aussi les hommes à la volupté. Les femmes de 1789 avaient quitté les robes à paniers et les souliers à hauts talons pour les robes très desserrées à la taille et quelquefois d'apparence négligée, « les caracos, les fichus très amplement développés sur la poitrine ». Les dames mettaient une certaine coquetterie à se décolleter, mais portaient également des robes « en pékin velouté et lacté, en chinoise satinée » enveloppant entièrement la taille avec une grâce parfaite et se fermant par devant avec des boutons (2). Elles se coiffaient de bonnets de dentelles et de gaze *aux trois Ordres réunis*, *à la Bastille*, *à la Citoyenne* et leurs cheveux tout dénoués, retombaient en larges boucles sur le cou (3). Les bonnets s'ajustaient aussi sur d'élégantes coiffures : les dames cessèrent d'édifier sur leur tête les labyrinthes et les frégates de l'Ancien Régime pour adopter la « coëffure » à *l'Espoir*, à *la Nation*, aux *Charmes de la Liberté* (4). Pendant toute la Révolution, les républicaines élégantes avaient adopté « les boucles d'oreilles au bonnet rouge (5) ».

Le cataclysme révolutionnaire n'avait donc pas englouti le bon goût, la licence effrénée et la futilité des générations antérieures.

Madame Boulenois défraya la chronique scandaleuse pendant les premières années de cette période troublée. Conseiller-maître à la Chambre des Comptes, M. Boulenois avait épousé à l'âge de quarante-sept ans Mademoiselle Rouillard de trente-deux ans plus jeune que lui. D'une nature maladive il trouva cependant moyen d'avoir deux enfants de cette union mal assor-

(1) Fleischmann (Hector). *Les Prisons de la Révolution.* Paris, 1908, in-16, p. 37.

(2) Spire Blondel. *L'Art pendant la Révolution.* Paris s. d., in-16°, pp. 214 et 215.

(3) Idem, p. 206.

(4) Idem, 210.

(5) Idem, p. 220.

tie. Mais au cours d'un procès, il ne manqua pas de reprocher à sa femme « d'avoir affaibli sa santé pour la rendre mère (1) ». Peut-être les deux progénitures n'étaient-elles pas de lui, car Madame Boulenois se consolait dans les bras d'un de ses serviteurs, nommé Marchais. La berceuse des enfants eut la sottise d'avertir le mari. Ses doutes se confirmèrent par la découverte de deux lettres significatives. Avec de telles armes, il obtint une lettre de cachet et fit enfermer sa femme dans la maison des demoiselles Douay. Puis, il porta plainte en adultère contre son épouse et Marchais. L'affaire ayant traîné en longeuur vint devant les tribunaux de la Révolution. L'avocat du mari, Tronçon-Ducoudray représenta comme indigne la conduite de Madame Boulenois; l'avocat de Marchais, Billard, s'efforça de montrer le mari sous le jour le plus défavorable. Berryer père, plaida pour la dame et joua le principal rôle dans le procès Une vieille marquise douairière s'était entremise pour qu'il voulut bien prendre en mains les intérêts de l'épouse.

La douairière qui ne pouvait se faire à l'idée d'une affaire aussi scandaleuse imagina une comédie de réconciliation. Elle fit peindre tout d'abord un portrait de famille en miniature dans lequel l'accusée et ses enfants se trouvaient dans une posture suppliante tandis que le mari, paraissant empreint à la sensibilité, semblait inviter les suppliants à se relever. De connivence avec des gens de service de l'hôtel, elle fit adroitement glisser la miniature entre des papiers, dans le secrétaire de Boulenois. Ensuite, après une évasion concertée avec les demoiselles Douay, des serviteurs complaisants introduisirent Madame Boulenois dans la demeure du mari. De grand matin un commissaire de police vint pour perquisitionner. Pendant que Boulenois, éveillé par le bruit, descendait demander le motif de cette visite insolite, sa femme, cachée au pied de l'escalier, se glissait fortuitement dans la chambre du mari. Et quand celui-ci

(1) Bournand (François). *L'Amour sous la Révolution*. Paris, 1909, in-16, p. 140.

pénétra dans la pièce accompagné du commissaire, Madame Boulenois s'offrit à leur vue. Le magistrat de police déclara qu'il ne pouvait que dresser procès-verbal de la rencontre de Madame Boulenois. L'époux, au comble de la fureur, protesta, affirma qu'il n'avait jamais consenti à un rapprochement quelconque avec son épouse. Le commissaire l'assurait au contraire, qu'il avait été avisé du pardon accordé à l'infidèle et qu'il en existait, d'ailleurs, une preuve irrécusable. Faisant ouvrir le secrétaire, il découvrit le fameux portrait aux yeux ébahis de Boulenois. A l'instant même un procès-verbal fut rédigé. Le jour même, lorsque Berryer plaida, il affirma que le mari avait pardonné, que sa jeune femme avait couché sous son toit. Pour justifier ses assertions, il exhiba le procès-verbal signé par le mari et en donna lecture. Les juges ne purent que s'incliner devant cette pièce authentique et renvoyer les parties (1). Une fois de plus le malheureux mari avait été joué.

Madame Jeanne-Françoise-Louise de Damier de Sainte-Amaranthe, peut compter également parmi les grandes amoureuses de la Révolution. Fille d'un gouverneur de Besançon, M. de Saint-Simon d'Arpajon, elle avait été mariée à M. de Sainte-Amaranthe, capitaine de cavalerie fort riche. Pour accorder son consentement le père eut sans doute « la main forcée par la grossesse un peu prématurée de Jeanne-Françoise (2) ». Il préféra la marier plutôt que de la faire entrer dans un couvent. L'officier commit la folie d'amener sa femme à Paris où il ne tarda pas à dissiper sa fortune avec ses amis et ses maîtresses. Il lâcha les rênes de la vie avec une telle désinvolture qu'il mourut, dit-on, cocher de fiacre à Madrid. Sa femme ne se souciait guère de lui car « plus jolie que belle et plus désirable que

(1) BERRYER père. *Souvenirs* rappelés par François BOURNAND dans l'*Amour sous la Révolution*, déj. cit., pp. 141-144, passim.

(2) FLEISCHMANN (Hector). *Les Filles publiques sous la Terreur*, d'après les rapports de la police secrète, Paris, s. d., in-16, p. 242.

jolie elle eut des amants distingués, nommément M. M. le prince de Conti qui s'était conduit fort noblement avec elle.» Elle en eut beaucoup d'autres « qu'il serait aussi superflu que déplacé de nommer ici (1)». Il en résulta qu'elle vécut tour à tour dans l'opulence et dans la gêne passant ainsi par toutes les fluctuations d'une vie de plaisirs. Madame de Sainte-Amaranthe « était une de ces fleurs du soir qui s'épanouissent aux lumières des salons, et qui, peu à peu, se complaisent dans l'atmosphère des tripots (2). « Elle tenait, d'ailleurs, avec sa fille Emilie, une maison de jeux au 50 du Palais-Egalité. Dans ce « salon-tripot», les amants coudoyaient les dupes. » On y voyait des aigrefins comme Chabot, des amoureux comme Hérault de Séchelles qui avait été l'amant de la mère (3) et qui se montrait « peu difficile sur le choix de ses maîtresses (4) ». Ses relations avec cette fantaisiste de l'amour ne laissent subsister aucun doute. « C'est elle qui a su cependant me conserver le plus longtemps, malgré mes défauts », écrivait-il à Suzanne Giroust, dite de Morency, l'une de ses sultanes (5). Cette Suzanne Giroust avait été mal mariée à un avocat de Soissons. Mais elle se consola vite avec un confrère de son mari, Quinette, qui lui faisait la lecture. Elu député à la Législative, il emmena Suzanne à Paris cachée sous des vêtements d'homme et la présenta à Hérault de Séchelles. Ses deux amis étant partis en mission, elle se rendit dans le Nord et eut le don de plaire, au général en chef Biron. Les Français ayant

(1) TILLY (Cte Alexandre de). *Mémoires pour servir à l'histoire des mœurs de la fin du XVIIIe siècle.* Paris, 1828, 3 vol. in-8, t. III, p. 59.

(2) STÉPHANE-POL. *Notes de Police,* documents inédits. Paris, in-16, s. d,. p. 55.

(3) FLEISCHMANN (Hector), *Robespierre et les femmes,* d'après des documents nouveaux et des pièces inédites. Paris 1909, in-8, p. 296.

(4) FLEISCHMANN (Hector). *La Guillotine en 1793,* d'après des documents inédits des Archives nationales. Paris 1908, in-16, p. 166.

(5) FLEISCHMANN (Hector). *Les Filles publiques sous la Terreur,* liv. cit., p. 247.

délogé, la belle Suzanne franchit le pont qui la séparait du camp autrichien et reçut des troupes ennemies le plus galant accueil. De là, elle se rendit aux eaux de Saint-Amand et charma les loisirs de Dumouriez. Paris l'attira de nouveau. Comme elle regardait passer le convoi de Lepeletier de Saint-Fargeau, elle fit la connaissance de l'auteur de *Il pleut bergère*, du poète conventionnel Fabre d'Eglantine. Ils s'aimèrent pendant deux longs mois (1). Après quoi, Hérault de Séchelles vint reprendre sous les couvertures la place qu'il avait laissée.

Depuis que le prince de Conti s'était lassé d'elle, Madame de Sainte-Amaranthe ne ferma son cœur à aucune tendresse. Pourvu que le prétendant eût de l'argent, la victoire était assurée. Sa personnalité n'importait guère. C'est ainsi que le vicomte de Pons, quoique « un peu ridé », reçut un aimable accueil et remplaça le prince volage. Lorsque le vicomte, las d'attendre le retour de la royauté, émigra à l'étranger; un sieur Aucane lui succéda dans l'alcôve de Madame de Sainte-Amaranthe. Mais, ce brave homme, « atteint de la pierre, acceptait volontiers le partage » avec Hérault de Séchelles et nombre d'adorateurs parmi lesquels nous citerons un nommé Eugène, ci-devant chevalier de Saint-Louis. (2)

La fille suivit l'exemple de la mère dans le commerce de la galanterie. La belle Emilie unit sa destinée au fils de l'ancien lieutenant de police de Sartine, dans l'espoir que, belle-fille de l'ex-premier magistrat de Paris, sa mère pourrait exploiter plus librement son étrange et galant tripot. Et poussée par celle qui lui donna le jour, le cœur brisé par l'abandon de son premier amant le comte de Tilly, elle se jeta dans les bras du fils Sartine, heureux de les refermer sur elle. Singulier ménage, comme beaucoup d'ailleurs ! « La femme chercha des consola-

(1) Bournand (François). *L'Amour sous la Révolution*, liv. cit., p. 269 et 270.

(2) Fleischmann (Hector). *Les Filles publiques sous la Terreur*, vol. cit., p. 248.

tions amoureuses autre part que chez son mari, et celui-ci retourna aux actrices dont il était décidément engoué (1). » Elle s'amouracha du chanteur Elleviou. La passion grandit si bien que tous d'eux s'accordèrent de mutuelles satisfactions. Certains historiens donnèrent pour amant à la « suave Emilie », Maximilien Robespierre, l'Incorruptible. Mais il a fallu « répudier la légende de Robespierre amoureux (2) ». La trouvaille, « pour être ingénieuse, n'en était pas moins piètre (3) ».

Cependant l'orage grondait. La tourmente révolutionnaire entraînait tout sur son passage. « Le règne du sang triomphait (4) ». L'intimité des deux tenancières du 50 pour les Dantonistes devait leur être fatale ainsi qu'à leur famille. Le 16 germinal, Madame de Sainte-Amaranthe avait déjà perdu deux de ses puissants protecteurs : Chabot et Hérault de Séchelles. Leur tour devait venir le 29 prairial (17 juin 1793). Convaincues de complicité dans la conspiration de l'Etranger fomentée par le baron de Batz, elles furent englobées dans la fameuse fournée des « chemises rouges », l'une des grandes dernières de la Terreur, comprenant cinquante-quatre condamnés que la dextérité de Sanson coucha dans le panier en vingt-huit minutes à la « Barrière du Trône-Renversé. » Comme cela se produisait fréquemment, la culpabilité des deux femmes n'avait pas été démontrée devant le tribunal révolutionnaire; mais Saint-Just les avait livrées « aux baisers de la guillotine » parce que la jeune Madame de Sartine avait repoussé ses avances.

Si Robespierre ne se laissa pas prendre aux filets de l'amour, par contre, son collègue Saint-Just ne se montra guère vertueux et entretint des relations coupables avec la femme de l'administrateur Thorin de Bléraucourt. Le proconsul Thuillier tenta maintes

(1) FLEISCHMANN (Hector). *Les Filles publiques sous la Terreur*, déj. cit., p. 259.

(2) STÉPHANE-POL. *Notes de police*, vol. cit., p. 66.

(3) FLEISCHMANN (Hector). *Robespierre et les femmes*, op. cit., p. 298.

(4) *Souvenirs* du comte de MONTGAILLARD, vol. cit., p. 203.

fois de dénouer cette liaison sans y parvenir. Saint-Just lui avait cependant promis « de rompre avec Madame Thorin », mais il lui en coûtait de se séparer de sa belle et spirituelle maîtresse. Le célèbre conventionnel ne tint nullement sa parole et continua à se rendre chez l'élue de son cœur qu'il avait « logée à peu de distance de sa demeure (1) ».

Sous le Consulat et l'Empire, « le mariage n'était plus qu'une vieille machine détraquée (2) ». Il existait une grande disproportion d'âge entre le mari et la femme de sorte que la fidélité conjugale ne s'observait pas dans tous les ménages. « La vie trop mondaine qu'on menait à cette époque faisait du mari et de la femme deux étrangers (3) ». L'un et l'autre avaient ainsi plus de loisirs pour se lancer dans de galantes aventures.

Pendant ce temps la comtesse de Balbi se délassait amoureusement à Coblentz avec le comte de Provence. Elle profitait largement de la liberté que lui laissait la folie de son mari. Peut-être la lubricité de l'épouse contribua-t-elle à faire tomber complètement la raison, déjà chancelante, de l'époux. Favorite de la comtesse de Provence, la séduisante comtesse de Balbi offrit ce spectacle peu banal d'une maîtresse, non seulement tolérée, mais choyée par la femme légitime. La première marque publique de sa faveur fut son installation au Petit-Luxembourg dans un vaste appartement dont la décoration avait été exécutée sous les yeux du comte de Provence. Les tentures, les rideaux y étaient en taffetas ou en toile de Jouy bleu et blanc parce que c'étaient les couleurs préférées de Madame de Balbi. Sa puissance s'étant accrue, la courtisane se fit donner à Versailles un appartement beaucoup plus luxueux que celui qu'elle y avait conservé, puis un magnifique hôtel dans les jardins du

(1) BOURNAND (François). *L'Amour sous la Révolution*, vol. cit., p. 264.

(2) D'ALMÉRAS (H.). *La Vie Parisienne sous le Consulat et l'Empire*. Paris, s. d., in-8, p. 487.

(3) D'ALMÉRAS (H.). Idem, p. 488.

Luxembourg, enfin une petite maison dans le bois de Satory (1)

Quand vint l'émigration, le comte de Provence emmena sa maîtresse avec lui. Elle devait « le couvrir plus tard d'un ridicule ineffaçable (2) ». L'imprévue de ses saillies rendait sa conversation, sa compagnie agréables. Le monarque ne s'ennuyait pas avec elle à tous les points de vue. Mais la moindre contradiction provoquait en elle de violents accès de colère. Plus d'un témoin a vu son amant prendre la fuite pour échapper aux éclats de sa mauvaise humeur. Il n'est pas certain non plus qu'elle lui demeura fidèle, car de méchants bruits coururent sur son compte. On prétendit même qu'elle avait affiché une liaison à Rotterdam avec le frère cadet de Talleyrand, Archambaud de Périgord. On ajoutait qu'elle s'était réfugiée dans cette ville pour y cacher une grossesse déjà avancée et qu'elle y avait mis secrètement au monde deux jumeaux. L'histoire est elle vraie? Bien qu'il existe certaines présomptions, M. de Reiset n'a découvert à l'Hôtel de ville de Rotterdam aucun texte concernant la favorite (3). Rien ne prouve la véracité de l'accusation, mais rien ne permet de douter de sa fausseté car pendant la période où Madame de Balbi séjourna à Rotterdam, on inscrivit sur les registres de l'état civil sept couples de jumeaux ou de jumelles. Madame de Balbi aurait donc très bien pu faire présenter ses enfants sous un nom supposé.

Quoi qu'il en soit, ce fut la cause de sa perte. D'Avaray déclara, en effet, au futur Louis XVIII qu'il ne resterait pas plus longtemps auprès de lui si une femme perdue comme Madame de Balbi reparaissait dans une maison qu'elle déshonorait. Le comte de Provence ne sut résister. Il fallait qu'il eut peu de confiance en la vertu de sa maîtresse pour se résigner à pareille séparation.

(1) Vicomte de Reiset. *La Comtesse de Balbi.* Paris, 1909, in-8, passim.

(2)*Souvenirs* du comte de Montgaillard, vol. cit., p. 72.

(3) Vicomte de Reiset. *La Comtesse de Balbi*, vol. cit., passim.

Madame de Cayla remplaça la première favorite lorsque le prince émigré ceignit la couronne de France sous le nom de Louis XVIII. Chaque fois que la jolie femme traversait la salle des Gardes pour se rendre au sacrifice d'amour, seigneurs et courtisans restaient rêveurs en se demandant ce que le roi, dans son impuissante impotence, pouvait bien faire avec elle. Il était formellement interdit de laisser pénétrer qui que ce soit dans le sanctuaire des baisers. Aussi, personne n'osa accourir le jour où des cris perçants partirent de la chambre royale. « Force fut pourtant de se hasarder et de relever le lourd monarque écroulé avec son fauteuil sur la belle qui ne pouvait dégager ses bras (1) ». Si l'on en croit la chronique indiscrète, Sa Majesté éprouvait un malin plaisir à priser du tabac d'Espagne sur la gorge blanche de sa maîtresse. Personne n'ignorait cette particularité. Et, sur le passage de Madame de Cayla, les courtisans prisaient à qui mieux mieux, tandis que, timidement, les petits pages imitaient leurs aînés.

Le règne de Louis XVIII n'apporta aucun remède à la dépravation des mœurs. Comme pour les années antérieures, on rencontre de nombreux exemples d'infidélités conjugales. Un homme se trouva même certain soir deux fois cocu. Il entretenait des rapports plus qu'intimes avec sa servante aussi éveillée que jolie. Etant allé souper en ville, il rentra au logis deux heures plus tôt qu'on ne l'attendait. Cependant, tout le monde était couché dans la maison. Le silence qui y régnait, lui fit naître le désir de rendre une visite à son affriolante soubrette. A pas de loup, une lanterne à la main, heureux du bonheur qu'il se promettait, il se dirigea vers la chambre où reposait sa bien-aimée. Mais, ô stupéfaction, elle dormait dans les bras d'un valet. Contenant sa colère, il se dirigea doucement vers la chambre de sa femme pour rendre cette dernière témoin de l'inconduite de ses deux domestiques. Là, une nouvelle douleur l'attendait. Ayant

(1) Donati (Béatrix). *L'Amour à travers les âges*, vol. cit., p. 254.

tiré brusquement les rideaux il vit sa tendre moitié sommeillant aux côtés de son amant (1).

Aujourd'hui, l'adultère tout en étant peut-être plus caché, n'en subsiste pas moins. Les femmes du peuple, de la bourgeoisie et surtout de l'aristocratie, s'écartent volontiers des sentiers fleuris de la vertu. Mais, elles se livrent à leur penchant d'une façon moins raffinée, moins poétique qu'autrefois. Nous conterons, pour terminer, une curieuse histoire d'un ménage à trois.

Revenant aux usages de Lacédémone, un pauvre vigneron de la Loire prêta, par contrat, sa femme à un voisin plus fortuné. Il céda, moyennant finances, ses droits conjugaux. Le voisin, il faut le dire, était déjà l'amant de la femme depuis plusieurs années. Le mari connaissait son malheur, mais d'humeur pacifique, d'esprit conciliant et joyeux, il considéra qu'il était plus sage de ne pas attacher aux défaillances féminines toute l'importance qu'on leur donne. Cette situation irrégulière dura dès lors sans troubles et sans soucis. Or, certain soir, les deux hommes conçurent, après boire, un projet singulier.

Le vigneron avait besoin d'argent, ses biens étaient hypothéqués. Il lui fallait deux mille cinq cents francs pour se libérer. Ils discutèrent. Enfin, ils tombèrent d'accord. Contre payement de cette somme le voisin prenait en métayage la femme, les terres et les bêtes du vigneron. Cependant, le mari afin de distinguer sa femme du bétail, stipula qu'il conserverait la jouissance de moitié. Et les deux parties contractantes signèrent l'acte rédigé sur papier timbré. Dans son âme simple, l'époux considérait sa trop tendre moitié comme sa propriété et se disait que, comme ses terres, il pouvait en disposer à son gré

Ne vit-on pas à Rome semblable usage?

Or, il advint que le voisin voulut garder pour lui seul l'usage de la belle. Le mari se fâcha disant « Ça n'est pas honnête ! » Et il vint briser les vitres de son métayer. Des coups furent échangés. Finalement tous

(1) *La Malice des femmes*, 1820.

trois s'entendirent, se réconcilièrent et la concorde, l'amitié réciproque, ne cessa de régner dans ce ménage si bizarrement composé.

Quelle simplicité de mœurs ! Quels cœurs tranquilles et purs !

CHAPITRE V

PEINES PUBLIQUES. — PEINES PRIVÉES

GRANDES DAMES ET SERVITEURS. — SÉVÉRITÉ DES JUGES. — « VOUS M'ENTENDEZ BIEN ». — LA « BELLE EPICIÈRE ». — LA CHAUDE Mme TIQUET. — SON COURAGE DEVANT LA MORT. — EMOTION DE L'EXÉCUTEUR. — LES INFIDÉLITÉS DE Mme V... — MARIS JUSTICIERS. — NOYADE, POIGNARD, POISON. — LA VENGEANCE DU MARQUIS DE VILLEQUIER. — BUSSY D'AMBOISE ET LA COMTESSE DE MONTSOREAU. — L'ASSASSINAT DE SAINT MÉGRIN. — LE CONSOMMÉ DU DUC DE GUISE. — LE LIEUTENANT CRIMINEL ET LE BOURREAU. — L'AMANT CHATRÉ. — PLAISANTES VENGEANCES. — UNE SCÈNE D'UN AUTRE AGE.

Les maris ne se montraient pas toujours conciliants et traduisaient les infidèles devant les tribunaux répressifs. Aussi existe-t-il un grand nombre de condamnations prononcées contre des épouses adultères ou contre leurs complices.

Les juges des divers Parlements témoignaient d'une extrême sévérité.

Ainsi un valet de cabaret ayant aperçu sa patronne endormie ou qui feignait de l'être s'avança vers elle sans bruit et en abusa. Il voulut même récidiver, mais le mari qui revenait de la ville le surprit en flagrant délit. Le malheureux fut arrêté et sur ses aveux condamné à être pendu par arrêt de mai 1551, bien que son maître et sa maîtresse l'eussent réclamé avant la condamnation, en déclarant « qu'ils ne s'en plaignaient pas ». Il y avait même une circonstance atténuante en faveur du valet en ce sens qu'il avait été poussé à commettre son attentat par les manœuvres indécentes de sa maîtresse qui avait cherché à émouvoir ses sens pendant l'absence du mari.

Comme elle se préparait, en effet, à se mettre au lit, elle avait fait venir le domestique par deux fois, pour lui parler : « l'une fois auprès du feu et se découvrant jusqu'aux cuisses, l'autre fois la gorge et les tétins », de sorte que le jeune homme ainsi sollicité s'échauffa et voulut assouvir la passion qui brûlait en lui. Une autre fois, une dame de condition ayant été surprise violant la foi conjugale avec le charretier de son métayer, les deux coupables furent poursuivis à la requête du mari. Le Parlement de Toulouse, par arrêt de 1567, les condamna à être pendus et la sentence fut exécutée le même jour (1). Cet arrêt peut paraître d'autant plus rigoureux que les débats du procès avaient fait ressortir que le malheureux charretier ne s'était résigné à commettre son crime que sur les sollicitations de la femme qui en avait convenu elle-même. De son côté le Parlement de Bretagne, par arrêt du 27 octobre 1578, condamna une dame Vaugirard, née Patou, à avoir la tête tranchée pour s'être laissée entraîner à commettre un adultère avec son métayer. Ce dernier fut pendu et étranglé. Ce jugement ne fit, d'ailleurs, que se conformer à un arrêt de Règlement du même Parlement du 17 novembre 1568 aux termes duquel il était ordonné « que tous les adultères seraient dorénavant punis de mort, sans distinction de sexe (2) ».

Le 31 août 1552, un nommé Vernier de Montbrison, fourrier du Grand Conseil, convaincu d'adultère avec l'épouse du sieur Gaillot, commissaire-examinateur au Châtelet, fut condamné par le Parlement de Paris à verser une amende de 400 livres au mari, 200 livres au Roi, à être banni à perpétuité du royaume et à faire amende honorable *in figuris* (3). Voici le texte d'une sentence de ce genre :

Nous avons ledit B... déclaré duement atteint et convaincu de..., pour réparation de quoi, le condamnons à faire amende honorable nud en chemise, la corde au col, tenant en ses mains

(1) Fournel, *Traité de l'adultère.*

(2) Jousse, *Traité de la Justice criminelle*, t. III, p. 215.

(3) Jousse, *Traité de Justice criminelle*, ouv. cit., t. III, p. 220,

une torche de cire ardente du poids de deux livres, l'Audience tenant, et là, étant nue tête et à genoux, dire et déclarer à haute et intelligible voix, que méchamment et comme mal avisé, il a..., dont il se repent, en demande pardon à Dieu, au Roi, et à la Justice; le condamnons en outre en... livres de réparation civile, dommages et intérêts envers A..., en... d'amende envers le Roi, et aux dépens du procès (1).

En l'année 1573, François Davril, accusé d'adultère avec Louise Néret fut condamné ainsi que sa maîtresse à faire amende honorable devant le grand portail de la cathédrale et devant la maison du mari, à payer une amende au Roi et à la partie civile et à être banni pour six ans. La femme fut recluse dans un monastère avec restriction portée à l'« authentique »(2). Les juges prononçaient dans ce cas la sentence suivante :

Nous avons lesdits D... et N... déclaré duement atteints et convaincus d'avoir commis entre eux le crime d'adultère; pour réparation de quoi, les condamnons : savoir, ledit... D... à... etc... et à l'égard de ladite N... à être mise et recluse dans le Monastère des Filles Religieuses de... pour y demeurer, pendant deux années en habits séculiers, pendant lesquelles M..., son mari, la pourra voir, même la reprendre, si bon lui semble; sinon ledit temps passé, sera rasée et voilée pour y demeurer le reste de ses jours et y vivre en habit séculier comme les autres Religieuses, en payant par M... aux dites Religieuses, pour sadite femme... livres de pension pour chacun an, de quartier en quartier, et par avance; laquelle pension sera prise sur les biens dudit M...; et dès à présent avons déclaré ladite N... déchue et privée de sa dot et conventions matrimoniales, portées par son contrat de mariage, ensemble de tous les avantages qui lui pourraient être faits à l'avenir, tant pour succession, donnation, qu'autrement; lesquels demeureront aux enfants de M... et d'elle; condamnons ladite N..., solidairement avec D... en la somme de..., de réparation civile envers M..., en... livres d'amende envers le Roi, et aux dépens du procès. (3)

Il convient d'ajouter que si le mari retirait un bénéfice pécuniaire en obtenant un châtiment contre sa

(1) Jousse. *Traité de la Justice criminelle*, t. IV, p. 666.
(2) Jousse. *Traité de la Justice criminelle*, t. III, p. 218.
(3) Jousse. *Traité de Justice criminelle*, ouv. cit., t. IV, p. 674, n° 388.

femme, il devait dévoiler au public la honte secrète de sa maison. En effet, il était d'usage à Paris, dans les premiers siècles de la monarchie, de le promener sur un âne, le visage tourné vers la queue. Cette cérémonie était réservée non seulement au mari qui favorisait la débauche de sa femme, mais encore à celui qui avait été déshonoré malgré lui (1).

Sous Louis XIII, un arrêt du Parlement d'Aix du 18 novembre 1616 condamna un prêtre qui, pour pousser sa pénitente à l'adultère, avait eu recours au sortilège, à faire amende honorable, puis à être pendu. Son corps fut ensuite brûlé et ses cendres jetées au vent. Par contre un arrêt du Parlement de Paris, du 1er décembre 1701 condamna seulement trois complices d'adultère à trois ans de bannissement « de la ville, prévôté et vicomté de Paris (2) ». De son côté le Parlement de Bordeaux décida le 31 août 1752 qu'une nommée Martine coupable d'adultère serait enfermée pendant deux ans dans une maison religieuse et qu'à l'expiration de ce délai, si son mari ne l'avait pas reprise elle serait « battue nue de verges par la Prieure du couvent et autres religieuses à ce commises (3) ».

Les deux procès les plus retentissants du siècle de Louis XIV furent certainement ceux dont Gabrielle Perreau et Madame Tiquet devinrent les héroïnes.

Marie-Gabrielle Perreau était femme de Louis Semitte de la Croix, marchand épicier de Paris qui se retira plus tard des affaires pour devenir officier du cerdeau du Roi. Elle n'avait pas seize ans quand elle l'épousa. Fort jolie, d'une complexion vive et ardente, on l'avait surnommée *La Belle Epicière.* Sémitte appartenait à la catégorie de ces maris très jaloux qui, à force de craindre d'être trompés, font naître à leurs femmes le désir d'être infidèles. C'est pourquoi le banquier Goy qui avait des relations

(1) FOURNEL. *Traité de l'Adultère*, vol. cit.,

(2) JOUSSE. *Traité de la Justice criminelle*, ouv. cit., t. III, p. 220.

(3) FOURNEL. *Traité de l'Adultère*, ouv. cit.

d'affaires avec Sémitte fut le premier qui éprouva le pouvoir des charmes de Gabrielle. Il contribua beaucoup à augmenter la fortune du mari. Il le déshonorait en l'assistant de sa bourse. Mais, la sensualité de Gabrielle ne se contenta plus d'un amant. Il lui en fallut un second. Un banquier du nom d'Auger fut l'heureux élu.

Bien que la chaude Gabrielle gardât quelque mesure dans ses intrigues, Sémitte perspicace comme beaucoup de jaloux, crut s'apercevoir de son infortune. Honteux, voulant paraître insensible, il se contenta de ronger son frein sans oser éclater. Un jour sa femme le raillant sur sa jalousie lui dit en plaisantant en lui désignant un de leurs voisins : « Vous ne voudriez pas ressembler à un tel qui laisse faire à sa femme, *vous m'entendez bien* (1) ». Piqué au vif, il voulut soutenir la plaisanterie et répondit qu'il était si indifférent là-dessus que si elle le désirait, il allait lui en signer la permission. « — Gage que non », dit la femme. « — Gage que si », répliqua le mari. Et prenant aussitôt un morceau de papier qu'il trouva à sa portée, il écrivit : « Je permets à ma femme de faire avec qui elle voudra, vous m'entendez bien. » Puis il signa et data du 4 janvier 1688 (2). A peine avait-il achevé d'écrire que sa femme se jeta sur le billet en éclatant de rire et sortit vivement de la pièce où ils se trouvaient. Le mari, croyant qu'elle folâtrait, se contenta de lui dire : « Vous êtes une badine, jetez ce papier au feu. » Mais pensant que ce consentement était valable, elle le mit soigneusement de côté et revenant quelques instants après, elle dit simplement à son mari qu'elle l'avait brûlé. S'imaginant que cet écrit lui accordait toute liberté, elle ne conserva plus de mesure, s'abandonna, sans précaution aucune, à satisfaire ses deux amants, si bien que ses domestiques devinrent témoins de ses scènes amoureuses. Sur le rapport de ceux-ci, Sémitte porta

(1) Refrain d'un vaudeville qui courait alors.

(2) Gayot de Pitaval. *Causes célèbres et intéressantes* etc., ouv. cit., t. III, p. 183.

plainte devant le lieutenant-criminel. Informée de ce fait, elle s'enfuit chez sa mère. Ce qui n'empêcha pas le magistrat enquêteur de la renvoyer devant le Châtelet ainsi que ses amants Goy et Auger.

Pour sa défense, la *Belle Epicière* prétendit qu'elle avait surpris son mari en flagrant délit d'adultère avec une servante et qu'elle avait juré de se venger de la même manière. Puis elle se prévalut de l'autorisation subtilisée à son mari en ajoutant qu'elle pouvait prendre des amants à discrétion en vertu de la clause « avec qui il lui plaira », qui s'y trouvait mentionnée (1). Les deux amants confirmèrent ses déclarations.

Les juges du Châtelet n'eurent garde de prendre cette plaisanterie du mari comme un consentement à la prostitution de sa femme. Aussi, par sentence du 27 février 1693, elle fut « déclarée dûment atteinte et convaincue d'avoir vécu en commerce de débauche et d'adultère avec Goy et Auger » et condamnée à être enfermée pendant deux années dans une « maison religieuse ou régulière et de clôture qui serait indiquée par son mari (2) ». Goy et Auger furent condamnés à être admonestés avec défense de « récidiver, hanter et fréquenter ladite Perreau ». Quant à Sémitte, pour le punir d'avoir écrit sa prétendue autorisation, il fut privé des dot et douaire de son épouse au profit de la fille issue du mariage.

Gabrielle appela de cette décision devant le Parlement; cependant voyant qu'elle n'éviterait pas sa condamnation, elle fit proposer à son mari qu'elle se désisterait s'il consentait à l'entretenir dans un couvent. Sémitte accepta. Mais l'avocat de Gabrielle lui ayant dit qu'une réconciliation avec son mari éteindrait les poursuites, elle compta sur ses charmes et essaya d'attirer son mari dans une entrevue. Plusieurs tentatives ayant avorté, elle eut recours à une ruse pour laquelle une amie lui était nécessaire.

(1) Gayot de Pitvaal. *Causes célèbres et intéressantes*, ouv. cit., t. III, p. 186.

(2) Gayot de Pitaval. Idem, p. 191.

Elle s'ouvrit de son projet à une nommée Pasdeloup, en lui promettant cinquante pistoles en cas d'heureux succès. Il s'agissait de faire venir Sémitte chez cette amie où Gabrielle l'attendrait. Quand son mari se serait présenté, elle lui aurait sauté au cou, en sollicitant son pardon et, par de tendres caresses, l'aurait entraîné de gré ou de force sur un lit de repos préparé à cet effet. A proximité, on aurait ajusté le cordon d'une sonnette que Gabrielle aurait tiré au moment psychologique pour avertir un commissaire prévenu. Ce dernier serait entré avec des témoins pour dresser un procès-verbal de l'état dans lequel il aurait trouvé le mari et la femme. Mais le projet échoua parce que la Pasdeloup ne voulut jamais se prêter à la combinaison. Gabrielle dut donc se résigner à entrer au couvent des Bénédictines de la rue des Postes où elle donna plusieurs rendez-vous à Goy, soit dans le parloir, soit dans une petite cour sur laquelle donnait sa chambre.

Peu de temps après, en vertu d'un arrêt qu'il avait obtenu sur appel, Sémitte fit transférer sa femme à la Conciergerie. Elle ne fut point enfermée avec les autres femmes et eut, par ce moyen, la facilité de voir les hommes. Le fameux Le Noble s'y trouvait incarcéré sous l'inculpation de faux. Cet écrivain eut le don de plaire à la *Belle Epicière*. Des relations intimes s'établirent entre eux et elle devint enceinte de ses œuvres (1). Le Noble s'institua alors son avocat. Sur ses conseils, elle informa par devant un commissaire de prétendus faits de réconciliation. Son information fut déclarée nulle. Cependant, sa grossesse avançait et il devenait indispensable qu'elle sortît de la Conciergerie pour pouvoir accoucher secrètement. Elle eut le bonheur, après interrogatoire sur la sellette, d'obtenir le 15 juillet 1694 un arrêt l'autorisant à se retirer dans un couvent ou chez ses parents pour faire la preuve de sa réconciliation dans l'espace de trois mois. Sémitte, préférant le couvent, la fit entrer aussitôt dans celui de Notre-Dame de

(1) GAYOT DE PITAVAL. *Causes célèbres et intéressantes*, op. cit., t. III, p. 194.

Liesse. Le Noble, de son côté, trouva une sage-femme qu'il fit admettre comme pensionnaire dans la même maison religieuse (1). La femme Sémitte comptait tellement cacher sa délivrance qu'elle lança un mémoire attribuant à une calomnie de son mari, le bruit de sa grossesse qui se répandait dans le public. Sur ces entrefaites, elle accoucha secrètement d'un fils qu'une femme sur un signal convenu — un bâton pendu à une fenêtre — vint prendre pour le cacher. Sous prétexte que la supérieure du couvent la persécutait, Gabrielle obtint le 22 octobre 1694 un arrêt lui assignant comme résidence la maison de la rue des Postes. Le 4 décembre, elle réussit à s'évader. On la décréta de prise de corps.

A quelque temps de là, elle chercha à avoir un rapprochement avec son mari et pour cela lui tendit un second piège. Sémitte demeurait alors rue du Cloître-Sainte-Opportune chez un pâtissier du nom de Buquet. L'intrigante épouse acheta la conscience de cet homme et loua une chambre contiguë à celle de l'ancien épicier. Il avait été convenu qu'un matin, dès que Sémitte serait sorti, elle pénètrerait dans sa chambre à l'aide d'une fausse clef et se glisserait dans son lit. Un inconnu soi-disant poursuivi par des archers postés tout exprès se serait alors réfugié dans la maison. Sous prétexte de perquisition, les soldats du guet seraient entrés dans la chambre de Sémitte. Sa femme trouvée dans sa couche aurait déclaré que son mari venait de sortir et qu'elle avait passé la nuit avec lui. Malheureusement, quelqu'un la vit entrer à dix heures du soir chez le pâtissier et prévint Sémitte. Ce dernier, prévoyant une nouvelle embûche, alla avertir un commissaire, fit du bruit dans la maison et se tint sur ses gardes. La *Belle Epicière*, voyant avorter son projet, profita des ombres de la nuit pour se retirer.

En avril 1695, Le Noble s'évada à son tour de la Conciergerie. Il rejoignit sa maîtresse et vécut caché avec elle dans sa maison de Passy, rue du Coq. Tous

(1) GARSAULT. *Faits des causes célèbres et intéressantes*, op. cit., pp. 186. 187.

deux menaient une vie errante, changeaient souvent de quartier et de nom de peur de surprise. C'est ainsi qu'ils logèrent rue Saint-Joseph, puis rue de la Lune, où elle accoucha d'une fille le 24 août 1696(1). Baptisée sous des noms supposés, l'enfant fut exposée au tour. Dès ce moment, les deux amants ne se gênèrent plus et affichèrent leur liaison. La malchance voulut que Le Noble fut repris et remis en prison. Jugé comme faussaire, on le condamna à faire amende honorable. Pendant sa détention, Gabrielle se mit à voyager et se rendit à Tournai, Lyon ainsi que dans d'autres villes.

Sémitte n'en poursuivait pas moins son procès par contumace. Il obtint un arrêt confirmant la sentence du Châtelet.

Lorsque Le Noble fut rendu à la liberté, sa maîtresse vint le retrouver à Paris au mois de mai 1698. Leur passion ne s'était pas éteinte. Ils reprirent leur manière de vivre. Leurs jours s'écoulaient dans une douce quiétude en une chambre garnie de la rue du Foin, quand on vint arrêter Gabrielle Perreau. Réintégrée à la Conciergerie, elle mit au monde une seconde fille. Le Noble se chargea de sa défense.

Enfin, le 1er décembre 1701 intervint l'arrêt définitif du Parlement ordonnant que la Perreau serait enfermée l'espace de deux ans à la Salpêtrière « pendant lequel temps, si son mari ne la reprend pas, elle y restera enfermée pour toute sa vie. » Les amants Goy, Auger et Le Noble furent bannis pour trois ans. Le Noble dut, en outre, se charger d'élever ses trois enfants déclarés bâtards (2).

L'histoire de Madame Tiquet est non moins curieuse que la précédente.

Née à Metz en 1657, Angélique-Nicole Carlier, fille d'un libraire, ne savait auquel de ses soupirants accorder sa main tant leur nombre était grand. C'est qu'elle avait une taille « bien prise », de beaux yeux,

(1) Gayot de Pitaval. *Causes célèbres et intéressantes* etc., ouv. cit., t. III, p. 206.

(2) Garsault. *Faits des causes célèbres et intéressantes*, op. cit., pp. 190, 191. — Fournel. *Traité de l'Adultère.*

des traits ravissants. L'un des moindres d'entre ses adorateurs, M. Tiquet, conseiller au Parlement, se montra le plus avisé. Il fit de nombreux cadeaux à Angélique et à sa tante. Quinze mille livres « de fleurs mêlées avec des diamants » envoyées le jour de sa fête à la jeune fille triomphèrent de ses dernières hésitations et la décidèrent en faveur du conseiller « dont l'éloquence ne fut pas si persuasive que les présents (1) ».

Les premières années de l'union furent heureuses. Madame Tiquet eut un hôtel magnifique, une nombreuse domesticité, de riches toilettes, de brillantes relations. Deux jolis enfants vinrent mettre le comble au bonheur des époux. Mais l'astre ne tarda pas à pâlir. M. Tiquet n'était pas aussi riche que sa femme le pensait et celle-ci dépensait sans compter. Il en résulta des difficultés, des discussions fréquentes. Les beaux yeux d'Angélique pleurèrent. Un sieur de Montgeorges, capitaine aux gardes, s'offrit à la consoler. Elle accepta. Mais sa complexion ardente pour le plaisir d'amour exigeait beaucoup de consolations. Montgeorges n'y pouvait suffire. Ses amis et même ses gardes furent réquisitionnés par la belle. Bien qu'Angélique adorât son amant, elle « satisfaisait ses désirs avec les sujets les plus vils. De femme galante, elle devint coquette » et de coquette, débauchée. Malgré ses désordres, elle savait conserver « certains dehors » puisque de Montgeorges la considérait comme la plus passionnée et la plus fidèle des maîtresses.

Le mari ne fut pas du tout de cet avis. Les fréquentes visites de M. de Montgeorges excitèrent sa jalousie et il devint par conséquent odieux à sa femme. Comme elle affichait, étalait son scandale, M. Tiquet prit le parti de la faire enfermer. Il eut l'imprudence de lui montrer la lettre de cachet qu'il avait pour elle. Angélique, après une lutte très vive, parvint à l'arracher à son malheureux mari et à la brûler à son nez. Une séparation de biens s'en suivit.

(1) Gayot de Pitaval. *Causes célèbres et intéressantes* etc., ouv. cit., t. IV.

Madame Tiquet, pour se débarrasser du gêneur, décida de le faire assassiner. Elle employa son portier Moura pour cette besogne ainsi qu'un valet du nom d'Auguste Chastelain. Mais ceux-ci manquèrent leur coup. M. Tiquet, qui soupçonnait Moura de favoriser les rendez-vous de M. de Montgeorges, le chassa de chez lui ainsi que la plupart de ses domestiques. Il s'institua son propre concierge et ferma sa porte à la tombée de la nuit. S'il dînait en ville, il en emportait la clef qu'il plaçait en se couchant sous le chevet de son lit. Les deux époux ne se voyaient qu'aux repas où ils ne se disaient pas un mot. Séparée de son amant, cloîtrée dans son hôtel, Madame Tiquet vécut ainsi désespérée, pendant trois ans. Dans cet intervalle, elle tenta une seconde fais de supprimer son mari. Elle donna « ordre » à son valet de chambre de porter un bouillon empoisonné à M. Tiquet. Le domestique, flairant le crime, affecta de faire un faux-pas et renversa le bouillon. Puis, il demanda son renvoi. Vivement contrariée de ce contre-temps, Madame Tiquet revint plus tard au projet de l'assassinat. Pensant que Moura, le portier congédié serait plus adroit, elle s'adressa de nouveau à lui. Moura se chargea de tout.

Un soir que M. Tiquet sortait assez tard de chez sa voisine, Madame de Vilmure, où il avait soupé, Moura et ses complices l'accueillirent à coups de pistolet. Trois balles l'atteignirent. Celles-ci, certifia le chirurgien, « l'auraient tué si son cœur avait eu alors son étendue naturelle, mais la frayeur l'avait resserré ». Secouru par ses gens, M. Tiquet ne voulut point rentrer chez lui et se fit porter d'où il sortait. Madame Tiquet accourut aussitôt, mais son mari refusa de la recevoir. Le commissaire s'étant transporté pour recevoir sa plainte, M. Tiquet lui dit qu'il n'avait pas d'autre ennemi que sa femme.

La rumeur publique accusait aussi Madame Tiquet. Le lendemain de la tentative d'assassinat on vint l'avertir de prendre la fuite. Pendant huit ou dix jours ces avis redoublèrent. Angélique qui possédait au suprême degré le don de la dissimulation,

« répondit toujours avec un sang-froid singulier, qu'il n'y avait que les criminels qui prissent la fuite, qu'étant innocente elle n'aurait pas de peine à se justifier (1) ».

Quelques jours après, le lieutenant-criminel Deffita accompagné de quelques archers vint l'arrêter. Elle le reçut sans s'émouvoir, le pria de mettre les scellés sur ses effets et monta dans son carrosse en faisant preuve d'une tranquillité et d'une sérénité parfaites. On l'incarcéra au Châtelet.

Auguste Chastelain vint spontanément déclarer le complot du premier assassinat et accusa le portier. Après cette déposition, on alla arrêter Moura et l'on emprisonna Chastelain. Les juges trouvant qu'il n'y avait pas de preuves suffisantes pour imputer le second crime à Madame Tiquet et à ses complices, jugèrent qu'ils en possédaient de probantes pour leur faire expier le premier. Aussi le 3 juin 1699, le Châtelet après une procédure rapide et ardente, condamna Madame Tiquet à avoir la tête tranchée et Moura à être pendu. Chastelain s'en tira avec les galères perpétuelles.

Guéri de ses blessures, M. Tiquet conduisit ses deux enfants à Versailles et se jeta avec eux aux pieds de Louis XIV afin d'obtenir la grâce de la condamnée. Mais le roi resta inflexible. M. de Montgeorges et le frère de M. Tiquet, capitaine aux gardes, mirent tout en œuvre pour arriver au même but. Louis XIV faillit céder, mais il se ravisa : M. de Noailles, archevêque de Paris, avait vivement insisté auprès de lui pour que Madame Tiquet fût punie « disant que la sûreté des maris en dépendait, et que si elle obtenait grâce, ce crime deviendrait très fréquent, attendu que le grand pénitentier avait les oreilles rebattues des confessions de nombre de femmes qui s'accusaient d'avoir attenté aux jours de leurs maris (2) ».

(1) Garsault. *Faits des causes célèbres et intéressantes*, op. cit., p. 163.

(2) Garsault. *Faits des causes célèbres et intéressantes*, vol. cit., p. 165.

Il ne restait plus à la belle Angélique qu'à mourir bravement. Ce qu'elle fit. Le lendemain de la Fête-Dieu, on la conduisit à la chambre de la question. Quand elle fut en présence du lieutenant-criminel, on lui lut la sentence. M. Deffita l'exhorta à avouer son crime, afin de s'épargner les douleurs de la question. Elle refusa tout d'abord et se prêta de bonne grâce aux préparatifs. Mais, après l'absorption du premier pot d'eau, elle songea que la fermeté ne lui servirait de rien. Elle avoua tout et disculpa même son amant lorsqu'on lui demanda s'il n'avait pas eu connaissance de ses projets d'assassinat : « Ha ! dit-elle, je n'ai eu garde de lui en faire confidence, j'aurais perdu son estime sans ressource (1) ».

Son interrogatoire achevé, son confesseur, l'abbé de la Chetardie, s'approcha d'elle pour la préparer à la mort. Vêtue de blanc, superbe de traits et de fraîcheur malgré ses quarante-deux ans, elle monta dans l'ignominieuse charrette avec son complice Moura. Sur le trajet du Châtelet à la place de Grève où devait avoir lieu l'exécution, une grande affluence de peuple se pressa pour voir passer les condamnés. On se bousculait, on se pressait aux fenêtres. Les fleurs qui jonchaient les rues, les draps pendus le long des maisons, derniers vestiges de la Fête-Dieu, jetaient une note gaie sur ce cortège funèbre.

Un orage épouvantable obligea le convoi à stationner près d'une demi-heure au pied de l'échafaud. Pendant que la pluie, la grêle, se mêlaient aux grondements du tonnerre, Madame Tiquet eut tout le loisir de contempler la potence, les degrés, le billot, l'épée à deux tranchants et jusqu'au carrosse drapé de deuil attelé de ses propres chevaux et destiné à ramener sa dépouille. Puis elle assista au supplice de son trop dévoué portier. Elle vit les nœuds coulants des tortouses lui serrer le cou tandis qu'il était brusquement suspendu en l'air. Elle vit l'exécuteur se hisser sur les mains liées du patient et à force de secousses

(1) GARSAULT. *Faits des causes célèbres et intéressantes*, op. cit., p. 166.

et de violents coups de genoux dans l'estomac achever l'œuvre de mort (1).

Quand vint son tour, Madame Tiquet eut un salut de Cour pour le bourreau et lui tendit la main pour qu'il l'aidât à gravir les marches de l'échafaud. En guise de remerciement, elle lui donna sa main à baiser. Puis, avec grâce et dignité, sans embarras ni faiblesse, elle s'agenouilla, baisa le billot, accommoda elle-même ses cheveux superbes, se mit « dans l'attitude qu'il fallait ». Et, ainsi parée, elle leva ses yeux irrésistibles vers l'exécuteur des jugements criminels, Charles Sanson, lui demandant : « Suis-je bien ainsi, monsieur ? » La grâce et le courage de la belle Angélique le troublèrent si fortement qu'il lui fallut trois coups de sa lourde épée de justice pour décoller cette tête charmante. On la laissa quelque temps sur l'échafaud, la face tournée vers l'Hôtel-de-Ville, « afin que ce spectacle s'imprimât profondément dans l'esprit des femmes mariées qui étaient présentes. »

Le règne de Louis XV fut aussi marqué par plusieurs procès d'adultère qui ont conservé une certaine célébrité.

En 1723, Pierre Delos, intéressé dans les affaires du Roi, poursuivit sa femme criminellement pour infidélités. Il enveloppa dans sa plainte plusieurs complices, entre autres deux prêtres et un religieux. L'information mit en lumière des faits assez licencieux, « des immodesties, des indécences, des plaisirs ténébreux, des bacchanales nocturnes », mais on ne découvrit aucune preuve pouvant justifier une condamnation. La Cour rendit une sentence prescrivant un supplément d'enquête pendant lequel l'épouse resterait en prison. La femme interjeta appel de cette décision et par arrêt d'avril 1725, les parties furent mises hors de cause (2).

(1) Voir notre ouvrage *Tortures et Supplices en France.* Paris 1909, in-8, p. 307. (5 frs, H. Daragon, édit.)

(2) Gayot de Pitaval. *Causes célèbres et intéressantes* etc., ouv. cit., t. XXI, p. 366, 367.

Les juges, on le voit, ne se montraient pas toujours d'une extrême sévérité. L'affaire suivante nous en fournit une nouvelle preuve.

Une dame V... avait au commencement de l'année 1738 noué des relations intimes avec un nommé G... Les rendez-vous avaient lieu dans une petite maison de la rue des Poules « fauxbourg Saint-Marceau ». G... y avait placé comme concierge un portefaix du quartier avec, en guise de rémunération, un réduit dans une salle basse de la maison. En outre, il était « nourri toutes les fois qu'il s'y faisait des repas, et on lui donnait les restes, il n'avait point d'autres appointements ». L'amant et la maîtresse possédaient chacun une clef du logis. Un abbé, R..., qui remplissait les fonctions de ministre du sacrifice, indiquait l'heure du rendez-vous.

Le 19 juin 1739, G..., par l'entremise de l'abbé R... invita son amie à souper. Le mari, averti, porta plainte, non pas contre sa femme, mais contre l'amant, qu'il accusa de subordination, de séduction, de rapt. Les magistrats enquêteurs englobèrent dans les poursuites contre G..., la femme V... et l'abbé R... (1).

Les deux amants avaient projeté une partie pour le 26 juin; mais le matin du 25 juin, Madame V... écrivit à G... que sans rien changer aux plaisirs du lendemain, un dîner auquel elle devait assister lui permettait de se rendre vers minuit à la petite maison et d'y passer la nuit. G... accepta la proposition et envoya prendre sa maîtresse par l'abbé R... à l'endroit où il savait la trouver.

Le mari ayant encore eu connaissance de ce rendez-vous, en avertit l'exempt Dureau, chargé d'exécuter le décret de prise de corps. Le policier s'adjoignit un de ses collègues et tous deux se trouvèrent vers dix heures du soir à l'*Estrapade* avec un nombre d'archers suffisant. Ils en postèrent dans les avenues conduisant à la rue des Poules et firent entourer la maison où devaient se rencontrer les accusés. Entre onze heures et minuit, ils virent arriver une brouette

(1) GAYOT DE PITAVAL. *Causes célèbres et intéressantes* etc., t. XXI, pp. 260, 270.

dans laquelle se trouvait l'épouse. Un homme vêtu d'une redingote brune tirait la brouette. C'était l'abbé R... Dès qu'elle fut arrivée, Madame V... s'engouffra précipitamment dans la maison dont la porte se referma aussitôt.

Les deux exempts firent alors garder l'entrée du logis par des archers. Puis tous deux escaladèrent le mur du jardin. Arrivés sur la crête, ils virent à travers les vitres d'une chambre du premier étage, le sieur G... en chemise, un bonnet de nuit sur sa tête et prêt à se coucher; la dame V... était assise à côté de lui.

Les exempts en voulant descendre de dessus le mur firent quelque bruit de sorte qu'ils perçurent une voix d'homme conseillant à la femme de se cacher au grenier.

Les archers pénétrèrent dans la maison. Le premier d'entre eux qui arriva à la porte de la chambre à coucher, François Ragot, trouva G... qui avait eu le temps « de passer une sorte de casaquin ». Il tenait à la main deux pistolets d'arçon; mais la baïonnette d'un fusil dont on le menaça eut vite raison de son humeur guerrière. Dans l'antichambre l'abbé R... se tenait collé contre la muraille. On l'arrêta.

Les deux exempts et leurs archers découvrirent ensuite l'épouse dans le grenier. « Elle avait du rouge et des mouches et elle avait quitté son panier parce qu'elle allait se coucher dans l'instant même qu'elle fut surprise. » Dès qu'elle aperçut les soldats du guet, elle s'écria qu'elle était une femme perdue. S'approchant de Ragot, elle lui offrit vingt louis qui se trouvaient dans sa poche s'il voulait favoriser sa fuite. Il ne se laissa pas émouvoir et les prisonniers furent conduits dans les prisons de la Cour.

Ce qui rendait leur débauche plus éhontée, c'est que cette femme qui n'avait pas vingt et un ans, faisait coucher l'ecclésiastique dans l'antichambre, sur un matelas, à côté précisément de la pièce où elle se livrait à son amant. G... avait, d'ailleurs aguerri sa maîtresse et la mère de celle-ci travailla tant à la corrompre qu'il ne fut pas surprenant qu'elle tomba dans les pires excès. C'est ainsi qu'en dehors de G..., on lui connaissait trois autres amants. Sa mère, par l'entremise d'un parent, un abbé, la vendit certain jour pour 4000 livres à un homme qu'elle détestait. L'abbé prêtait sa chambre aux séances d'amour (1).

Bien que les deux coupables fussent au moment de leur arrestation « dans des dispositions qui marquaient l'action proche ou consommée », le Châtelet rendit une sentence le 20 septembre 1739, prescrivant un supplément d'enquête et prononçant l'élargissement du sieur G... et le maintien en prison de sa maîtresse. Une deuxième sentence du Châtelet en date du 13 octobre 1740 ordonna la mise en liberté de l'épouse et déchargea les accusés de l'accusation (2). Les juges ne trouvèrent pas les présomptions assez probantes pour permettre une condamnation.

Certains maris préféraient se rendre justice eux-mêmes plutôt que de recourir à la juridiction criminelle. Leur vengeance, pour être plus simple, n'en offrait pas moins plus de rapidité. Quelques grandes dames livrées à la merci de leurs maris inexorables expièrent ainsi leurs fautes dans toutes sortes de tourments.

Sous le règne de Louis XI, vers 1464, Flavi, gouverneur de Compiègne, qui entretenait publiquement des femmes dissolues, soupçonna non seulement, mais convainquit sa femme Blanche Danurbruels, d'avoir une conduite aussi déréglée que la sienne. Pour se venger, il décida dela noyer; mais, contrairement à ce que fit le comte de Maulevrier, il ne la prévint pas. Blanche, se doutant de ce qui l'attendait, prit les devants et le fit tuer par son barbier. Selon certains chroniqueurs celui-ci l'aurait étranglé, selon d'autres il lui aurait coupé la gorge. Blanche voyant qu'il

(1) Gayot de Pitaval. *Causes célèbres et intéressantes*, op. cit., t. XXI, pp. 273-275.

(2) Garsault. *Faits des causes célèbres et intéressantes*, vol. cit., p. 395. — Gayot de Pitaval. *Causes célèbres et intéressantes*, ouv. cit., t. XXI, pp. 374 et 377.

ne l'avait pas entièrement égorgé se serait alors emparé du rasoir et aurait achevé son époux. Elle obtint facilement sa grâce parce que Flavi était accusé d'avoir livré aux Anglais la « Pucelle d'Orléans » et qu'il avait fait mourir en prison son beau-père (1). Il n'était d'ailleurs pas rare que le Roi accordât des grâces pour de semblables « homicides ». Déjà le 2 janvier 1317, Philippe V, le Long, avait signé des lettres de rémission pour Simon dit « Jolis de Montebrelu », écuyer, accusé d'avoir frappé à mort Jean de Vieilles-Maisons, prêtre, curé de Villiers, qu'il avait surpris avec sa femme en flagrant délit d'adultère (2). On en trouve encore des exemples dans des arrêts du 10 avril 1603 et de 1660 entérimant des lettres de grâce.

Sous le règne de François Ier, un brave capitaine ayant eu quelque soupçon sur la conduite de sa femme vint la trouver et l'étrangla de sa main avec son écharpe blanche. Puis il la fit inhumer le plus noblement possible et assista aux obsèques en grand deuil qu'il porta pendant quelques années (3). Un autre mari blessa mortellement en présence de sa femme son serviteur qu'elle avait eu pour amant afin qu'elle assistât à sa longue agonie. Il la laissa ensuite mourir de langueur ayant toujours devant les yeux l'effrayante vision de celui « qu'elle avait tant aimé et tenu entre ses bras (4) ».

Les uns payaient des gens masqués et faisaient étrangler leurs épouses coupables avec leurs propres cheveux ou avec des lacs de « soye ». Les autres, voulant imiter Flavi, se promenaient avec leurs moitiés et les poussaient dans l'eau pour les noyer. Cette peine, d'ailleurs, fut longtemps pratiquée en France à l'égard du sexe faible. De là vint peut-être

(1) SAUVAL (H.). *Le B... de la Cour et de Paris*, déj. cit., manuscrit origin. (Collection H. Daragon).

(2) Archives nationales, X2A 1.

(3) BRANTOME. *Vies des dames galantes*, vol. cit., Discours I, p. 10.

(4) BRANTOME. Idem, Discours I, p. 9.

le proverbe : « Ce n'est rien, ce n'est qu'une femme qui se noie (1) ».

Quelques-uns les poignardaient au sortir du lit. C'est ainsi que procéda le marquis de Villequier en septembre 1570. La marquise, en dernier lieu, « avait lié commerce amoureux » avec un nommé Barbisi et se trouva grosse de son amant. Elle résolut d'empoisonner son mari, comme Barbisi avait lui-même empoisonné sa femme, afin d'être libres pour se marier ensemble. Villequier découvrit le complot dans une lettre qu'il intercepta tandis que la Cour résidait à Poitiers. N'écoutant que sa juste colère, le marquis se rendit auprès de sa femme. Il arriva au matin et la trouva au lit. Il se coucha et folâtra avec elle. Celle-ci s'étant levée pour se coiffer, il sauta peu après à bas du lit. Sans lui adresser aucun reproche, il la frappa de quatre ou cinq coups de dague, ainsi que la confidente de ses amours qui lui tenait le miroir et l'aidait à s'habiller (2). Puis, il fit achever sa femme par un de ses serviteurs. Il aurait bien agi de même à l'égard de tous ses galants; mais elle « en avait un si grand nombre qu'il aurait eu trop d'affaires (3) ». Le marquis était d'autant plus blâmable, qu'il avait permis pendant quinze ans toutes les libertés à son épouse et se trouvait ainsi au courant de ses débauches (4). On laissa néanmoins cet assassinat impuni, bien qu'il eût lieu dans la maison du Roi, où Villequier avait un appartement en qualité de favori de Sa Majesté et que la marquise se trouvât enceinte de deux jumeaux. On accusa même le Roi d'avoir poussé le mari à ce crime pour se venger de la marquise qui lui avait refusé ses faveurs (5).

Quelquefois, les maris jaloux remplaçaient la dague

(1) SAUVAL (H.). *Le B... de la Cour et de Paris*, déj. cit.

(2) *Mémoire historique ou Anecdote galante et secrète de la duchesse de* BAR, ouv. cit., t. I, p. 167.

(3) SAUVAL (H.). *Le B... de la Cour et de Paris*, op. cit.

(4) BRANTOME. *Vies des dames galantes*, vol. cit., Discours I, p. 10.

(5) *Mémoire historique ou Anecdote galante et secrète de la duchesse de* BAR, t. I, p. 167.

par le poison. C'est ainsi qu'un prince de haute lignée donna à sa femme un poison lent après avoir fait mourir son amant de la même manière ce qui lui faisait dire : « Le sacrifice est plus beau et plus plaisant de tuer le taureau devant et la vache après (1) ». Une autre fois un vieillard ayant pris sa femme sur le fait lui fit absorber un toxique qui la fit languir pendant plus d'un an avant de la terrasser. Elle devint « sèche comme bois ». Son mari l'allait voir souvent pour la railler et lui dire « qu'elle n'avait que ce qu'elle méritait ». Ou bien encore ce fut un grand seigneur qui subtilement empoisonna sa femme « par sa nature » de sorte que sans s'en ressentir elle rendit le dernier soupir.

Un autre de ces maris furieux, jouissant d'une grande considération, enferma dans une chambre son épouse coupable, la nourrissant seulement d'eau et de pain sec. Fréquemment, il la faisait dépouiller de ses vêtements et sans respect pour son sexe, sa jeunesse et sa beauté, il la faisait fouetter jusqu'au sang. Quelques années plus tard le comte de Foys opéra à peu près de la même manière à l'égard de sa femme Jeanne d'Artoys en supprimant toutefois la correction : il la tint prisonnière entre quatre murailles et la laissa ainsi mourir cruellement (2).

Tous se vengeaient en se moquant des injures qu'on leur décernait dans des sonnets, des quatrains, des épigrammes dont voici un échantillon :

Dames qui aimez à fiquer
Hardez-vous en toutes manières,
Des lacs de soye de humière,
Des grands pardons de Villquier.
Des cathares de Chiverny,
Des lamentations de Fargip :
Et du retour de Scipion
Têtes dures et sans pardon (3).

(1) Sauval (H.). *Le B... de la Cour et de Paris*, déj. cit.

(2) Brantome. *Vies des dames galantes*, vol. cit., Discours I, pp. 14 et 15.

(3) Sauval. *Le B... de la Cour et de Paris*, op. cit.

Le comte de Montsoreau ne pardonna pas non plus, en 1572; mais il s'en prit à l'amant. Ce dernier, Bussy d'Amboise, grand veneur de Monsieur, s'était épris de Madame de Montsoreau pendant un séjour qu'il avait fait à Angers. Il n'eut pas de peine à s'en faire aimer et, dans plusieurs rendez-vous que Colladon, lieutenant-criminel de Saumur, lui ménagea, la comtesse foula aux pieds la foi conjugale. Informé de son malheur, le comte de Monstoreau résolut de punir d'une façon exemplaire l'insulte faite à son honneur. Son dessein s'affermit d'autant plus que le Roi lui laissa entendre qu'il pouvait attendre la même impunité accordée deux ans auparavant à M. de Villequier. Il partit donc en poste pour Angers et se rendit à la Coutancière, château qu'il possédait à trois lieues de cette ville et où il résidait d'ordinaire. Le poignard sous la gorge, il contraignit sa femme à donner un rendez-vous à son amant pour la nuit même. On juge de la douleur de l'amante en se voyant obligée d'attirer dans un guet-apens celui qu'elle chérissait.

A minuit, Bussy accourut avec son confident Colladon. Dès qu'ils furent au bas du vieux château, ils firent le signal convenu et on leur lança une échelle de corde. A peine avaient-ils pénétré dans l'appartement de la comtesse, que M. de Montsoreau s'emparant de la porte de peur qu'ils n'échappassent, les « chargea à la tête de douze hommes armés jusques aux dents ». Bussy comprit qu'il était trahi. Sans perdre son sang-froid, il mit aussitôt l'épée à la main. Après s'être longtemps défendu avec un courage prodigieux, son arme vint à se briser. S'emparant alors de tous les petits bancs et tabourets qui se trouvaient à sa portée il les lança à la tête de ses assassins. Il avait réussi à les écarter et s'apprêtait à enjamber une fenêtre lorsqu'il fut tué par derrière. Colladon eut la gorge ouverte et son corps fut précipité dans les fossés du château. On célébra par ces vers la mort de Bussy :

De Mars et de Vénus autrefois favori,
Le vaillant et tendre Bussi
Semblait à ses désirs attacher la victoire;
Egalement épris et d'amour et de gloire,
Mars et Vénus l'avaient toujours servi :
Mais Mars l'abandonna quand Vénus l'eut trahi (1).

Six ans plus tard, M. de Saint-Mégrin, mignon d'Henri III, tombait sous les coups des fidèles de M. de Guise pour avoir obtenu quelques faveurs de la duchesse. Le mari apprit son déshonneur, mais il lui répugnait de frapper lui-même. Son frère, M. du Maine, qui le raillait et lui disait quelquefois « qu'un cocu n'avait jamais chanté belle chanson » lui proposa de le venger. M. de Guise accepta. Assisté de vingt ou trente personnes, M. du Maine attaqua de Saint-Mégrin dans la nuit du 21 juillet 1578 comme il sortait du Louvre. Blessé de trente ou trente-cinq coups mortels, Saint-Mégrin vécut jusqu'au lendemain. A l'annonce de ce meurtre, le roi s'abandonna à sa douleur, et au lieu de faire rechercher les assassins, il ordonna d'inhumer la victime en grande pompe (2).

Le duc de Guise qui n'aimait pas assez sa femme pour en être excessivement jaloux, se contenta de la punition infligée à de Saint-Mégrin. Cependant, quelque temps après, comme le duc paraissait complètement apaisé, il entra menaçant dans la chambre de sa femme tenant d'une main un poignard et de l'autre un vase plein d'un liquide. Madame de Guise, qui n'avait pas la conscience tranquille, frémit à la vue de cet appareil, redoutant encore le ressentiment de son mari.

— « Madame, lui dit-il, vous savez l'insulte que vous m'avez faite et vous n'ignorez pas que ces sortes d'injures ne s'expient que par la mort. J'ai déjà puni l'audacieux Saint-Mégrin de son insolence, il ne me manque plus que votre sang pour rendre

(1) *Mémoire historique ou anecdote galante et secrète de la duchesse de* Bar, ouv. cit., t. I, pp. 168, 169

(2) Sauval (H.). *Le B... de la Cour et de Paris*, déj. cit.

ma vengeance parfaite. Choisissez, ou de ce poignard, ou de ce poison. »

Etourdie par ce discours, Madame de Guise se jeta aux pieds de son mari en fondant en larmes, en promettant de se bien conduire. Celui-ci parut inflexible. A peine lui accorda-t-il le temps de réciter une courte prière. L'épouse choisit le poison et l'absorba en tremblant bien qu'elle lui trouvât un goût agréable. M. de Guise la laissa seule. Elle se coucha sur son lit attendant l'effet du funeste breuvage qui, au lieu de lui causer quelque douleur, la fortifiait extraordinairement. Elle resta en cet état pendant deux heures au bout desquelles le duc revint.

— « Quoi, s'écria-t-il, le poison n'a pas encore produit son effet ! Je venais cependant voir si vous n'étiez point morte. — Non, monsieur, répliqua-t-elle, votre satisfaction sera encore retardée de quelque temps. » Quelques larmes s'échappèrent de ses yeux et, regardant son mari avec une infinie tendresse, elle le pria de ne pas pousser sa haine jusques après sa mort. Le duc, très ému, l'embrassa avec passion en lui disant qu'elle n'avait rien à redouter : le breuvage qu'elle avait pris n'était autre qu'un délicieux consommé qu'il avait eu soin de faire préparer en sa présence. S'il lui avait laissé le choix entre le poignard et le prétendu poison, c'est qu'il était persuadé qu'elle préférerait ce dernier. Les deux époux réconciliés se jetèrent dans les bras l'un de l'autre. Ils vécurent depuis en bonne intelligence (1).

Sous Louis XIV, Himbert, « prévôt de la maréchaussée de Forêt », avait épousé une belle femme. Elle lui fit plusieurs infidélités. Il la punit du supplice qu'on fait subir aux écoliers et la fouetta sans pouvoir lui faire changer de vie. Il l'épia ensuite et l'ayant surprise au milieu de ses plaisirs, il tua l'amant d'un coup de pistolet et sa femme à coups de poignard. Il obtint cependant des lettres de grâce qui furent entérinées par arrêt de la Cour en 1663 avec de grandes difficultés parce qu'il avait dressé un piège à sa femme

(1) *Mémoire historique ou Anecdote galante et secrète de la duchesse de* BAR, ouv. cit., t. I, pp. 249 250, 251.

en feignant un départ pour pouvoir la surprendre (1).

Vers la même époque, un marchand ayant assisté à son déshonneur laissa évader le suborneur et poignarda l'infidèle en disant que « la femme était plus coupable que l'amant qui cherche à la séduire et qui ne peut triompher qu'autant qu'il la trouve extrêmement faible (2) ».

Au commencement de l'année 1769, le lieutenant-criminel de Soissons avait réussi à conquérir les bonnes grâces de la femme du bourreau, qui était fort jolie. Ses fonctions lui fournissaient facilement l'occasion d'approcher d'elle. Seulement il avait à compter avec la jalousie du mari. Aussi le magistrat saisissait-il toutes les occasions « pour l'envoyer pendre et rouer à droite et à gauche toutes les fois que cela se rencontrait ». Vers le milieu d'avril notre jaloux se rendit assez loin pour procéder à une exécution, mais au lieu de revenir le lendemain, il hâta son retour et rentra dans la nuit. Quelle ne fut pas sa surprise de trouver le lieutenant-criminel couché avec sa femme. Il ne dit mot. Avec calme, sans bruit, il fit chauffer un de ses fers à marquer les criminels et l'imprima sur l'épaule du galant. Cette vengeance pouvait être considérée comme relativement douce. Tel ne fut pas l'avis de la justice. Arrêté, l'exécuteur fut condamné au fouet, à la marque et aux galères. On le transféra à la Conciergerie pour y subir les deux premières peines (3).

Un peu avant la Révolution, un mari ayant surpris sa femme dans les bras d'un amant ne put maîtriser sa colère. Il ordonna à son valet de chambre de se saisir du coupable et de lui couper les parties sexuelles. La malheureuse épouse fut forcée, le pistolet sous la gorge, d'éclairer l'exécuteur de ce terrible châtiment. Cette ablation opérée, la victime fut traînée jusque devant son hôtel où on la laissa baigner dans son

(1) Henri. *Arrêts*, t. I, liv. 4, chap. I.

(2) Nougaret (J.-B.). *Aventures parisiennes avant et depuis la Révolution*, op. cit.

(3) Bachaumont (L. Petit de). *Anecdotes piquantes et galantes*, publiées par J. Gay, vol. cit., p. 85.

sang. Il expira le lendemain et l'on cacha le genre de mort. Son amante alla se cacher dans un couvent et ne cessa pendant nombre d'années de pleurer sur sa faiblesse et ses terribles suites (1).

Les maris trop confiants qui s'apercevaient enfin de leur erreur se vengeaient quelquefois d'une façon moins cruelle.

Vers la fin du ministère de M. de La Vrillière, la femme d'un perruquier avait réussi à obtenir une lettre de cachet contre son mari grâce au crédit de son amant qui occupait une place considérable dans l'Eglise. On devait venir l'arrêter dans son lit. Or, l'inspecteur de police chargé d'exécuter l'ordre du Roi connaissait le perruquier et l'avertit de la trame qui se préparait. L'époux, très malin, prétexta un voyage de deux jours. L'officier de police parut au milieu de la nuit à l'heure indiquée sur la lettre. Dès que la porte se fût ouverte, il demanda à parler au maître du logis. La femme répondit qu'il était absent. Malgré son insistance, l'officier se rendit directement à la chambre à coucher et tirant les rideaux du lit : « Allons, levez-vous, dit-il; c'est de par le Roi. » Point de réponse. On apporta des flambeaux et l'on trouva, caché sous les couvertures, un homme fort décontenancé qui n'était point le mari, mais l'objet des tendresses passionnées de l'épouse. On s'empara de lui. Il eut beau dire qu'on se méprenait, qu'il n'était pas le perruquier, n'importe, on passa outre. L'officier de police ajouta même malicieusement : « Monsieur, l'imposture est trop grossière; Madame est d'une vertu qui nous répond que ce ne peut être que son mari qui partage sa couche ».

En dépit des cris des deux amants on conduisit en prison le pseudo-perruquier qui dut revêtir de force l'habit de l'homme de poudre dont il avait pris la place. Le détenu avoua, par la suite, son aventure et recouvra sa liberté après quelques mois de détention (2).

(1) Nougaret (J.-B.). *Aventures parisiennes avant et depuis la Révolution*, ouv. cit.

(2) Imbert de Boudreau (Guillaume). *La Chronique scandaleuse* ou *Mémoires pour servir à l'éducation présente*, ouv. cit., pp. 242 et 243.

Un autre cocu se vengea avec esprit de l'outrage qui lui était fait. Un jeune homme qui achetait des joyaux au Palais-Royal vit entrer chez un bijoutier une femme très élégante et fort bien faite. Son admiration fut telle qu'il laissa échapper ces mots : « Je donnerais cent louis pour passer une heure avec cette beauté ! » La dame avait entendu. En sortant elle lui glissa à l'oreille qu'elle serait seule le lendemain chez elle et qu'elle l'attendrait. En même temps elle lui indiqua son adresse. Le jeune homme s'y rendit et déposa sur la toilette une bourse contenant la somme convenue. Ils prenaient leurs ébats depuis une demi-heure, quand le mari revint prendre un objet qu'il avait placé dans un placard dans lequel l'amant d'occasion s'était blotti à son approche. On juge de la surprise du mari et de l'embarras des deux autres acteurs de la scène. Bref, pour se tirer d'affaire, le galant prit le parti de tout révéler en priant le mari de regarder sur la toilette, qu'il y trouverait une bourse verte contenant cent louis, prix de la complaisance de sa moitié. Le mari, croyant à une plaisanterie, examina la bourse et la rendit à son rival en lui disant : « Vous payez trop cher, monsieur, un plaisir si mince; gardez votre bourse : un louis doit suffire à madame; voulez-vous bien le lui donner ? » Heureux de s'en tirer à si bon compte, l'amoureux fit volontiers son offrande à la belle. Ayant ensuite remis sa bourse dans son gousset, il s'inclina respectueusement et se retira. Le mari prit alors ce qu'il était venu chercher et sortit sans autre explication (1).

Comme on le voit, les maris n'étaient pas toujours les malheureuses victimes de l'amour.

Les femmes adultères qui ne se querellaient pas avec leurs maris avaient quelquefois à supporter la mauvaise humeur de leurs amants. Sous le règne de Henri III, La Voix, conseiller de la Cour, « jouissait de la femme d'un Procureur au Châtelet, nommé Boulanger. » Lasse de cette vie, elle rompit complètement en 1581. Moqueur, son amant voulut repren-

(1) Ragueneau de la Chainaye. *La Chronique indiscrète*, ouv. cit.

dre aussitôt ses anciennes privautés. Comme elle avait résisté « vertueusement », il se fâcha, la menaçant de la maltraiter. Il choisit le jour où elle se rendait à la campagne avec son époux pour y passer les fêtes de la Pentecôte. La Voix s'étant posté avec quelques hommes déterminés, la força à descendre de cheval. Ayant vainement cherché à lui couper le nez, il lui taillada le visage « avec un jeton qui tranchait comme un rasoir et dont on se servait ordinairement contre les femmes publiques ». Sur la plainte des époux, le Parlement de Rouen le condamna à partager quatre mille écus entre la victime et la justice (1). Deux siècles plus tard, Madame Darty, qui s'était déjà brouillée avec son mari, se fâcha avec son amant, le prince de Conti. Se trouvant à déjeuner à l'Isle-Adam en nombreuse compagnie, une discussion surgit entre les deux amants. Le prince gifla sa maîtresse. Elle riposta en le griffant au visage. En voyant couler son sang, le prince de Conti devint furieux. Chacun se retira. Il ne resta qu'un valet auquel le prince ordonna de jeter Madame Darty par une fenêtre. Le domestique se contenta de la traîner par les cheveux jusqu'à sa chambre. De Conti l'y enferma et la laissa jeûner pendant huit jours au pain et à l'eau. Au bout de ce laps de temps, elle recouvra sa liberté en se sauvant par la fenêtre (2).

De nos jours encore, on lave dans le sang l'insulte faite à l'honneur conjugal. Le poison et le poignard ont fait place au revolver. Cependant, quelques esprits arriérés en reviennent parfois aux pratiques de l'ancien régime. Ainsi dans la première quinzaine de février 1909 une petite commune de l'Isère a été le théâtre d'une scène digne d'un autre âge. Une capiteuse fermière de quarante six ans attirait chez elle depuis de longues années les jeunes gens et les hommes du pays. De ce nombre se trouvait un gros propriétaire du lieu, marié et père de famille. Certain

(1) Sauval. (H.) *La chronique scandaleuse de Paris, chronique des mauvais lieux*, vol. cit., pp. 60-61. (H. Daragon, édit.).

(2) Marquis d'Argenson. *Mémoires*, ouv. cit., t. V, 4 juillet 1728, p. 232.

soir celui-ci se rendit auprès de la belle. Le galant tête à tête fut tout à coup interrompu par l'arrivée inopinée de l'épouse et de ses fils qui, à coups de pioche, avaient démoli la porte d'entrée. La mère outragée, se précipitant sur sa rivale, se mit à la rouer de coups tandis que l'amant apeuré s'enfuyait par les toits en léger costume. Saisissant ensuite une longe de fouet, l'un des jeunes gens l'attacha au cou de la maîtresse de son père. Puis, l'ayant renversée sur le sol, il la traîna jusqu'à la ferme voisine où, aidé de ses frères, il la dévêtit à moitié, la couvrit de fumier, lui attacha les mains derrière le dos et la hissa dans une charrette. Elle traversa tout le village dans cette posture. Arrivée à son extrémité, elle dut subir, non sans protestation, le supplice honteux de la flagellation. Après quoi elle fut rendue à la liberté.

Quelle vengeance peu banale que ses auteurs ont certainement payée chère.

CHAPITRE VI

VIEILLES PROVINCES — VIEILLES COUTUMES

LA RÉPARATION DU « PÉCHÉ » A AMIENS. — VERTUEUSES NORMANDES. — LES « PUTES DE LORRAINE. — L'ANGLAIS ET L'ORFÈVRE. — COCUS HONORÉS. — VOISINS, INNOCENTES VICTIMES. — CURIEUSES PRATIQUES EN ANJOU, DANS LA BOURGOGNE ET LE LYONNAIS. — LA COURSE A LA POULE ET LA BOTTE DE FOIN. — LE « PET » SUR LE PONT. — COURSES INDÉCENTES ET AMENDES DANS LA GUYENNE, LE BÉARN, LE LANGUEDOC. — ABOLITION DE CES COUTUMES IMMORALES.

Autres temps, autres mœurs. Jadis dans nos vieilles provinces françaises, il n'était pas un village, un hameau qui n'eût sa justice particulière, qui n'en eût quelquefois plusieurs. La manière dont on administrait la justice dans les villes et les campagnes constituait « un véritable fléau pour les habitants (1) ».

En France, on fit longtemps subir aux adultères des peines ridicules que chaque seigneur modifiait dans ses domaines selon sa fantaisie ou son bon plaisir. Nous avons fait allusion dans un précédent chapitre aux pratiques singulières observées dans les diverses seigneureries du royaume. On en trouve trace dans plusieurs recueils de coutumes.

En *Picardie* (2) au XVe siècle, notamment à *Amiens*, celui que l'on trouvait couché avec une autre femme que la sienne se voyait conduire par deux sergents à la cathédrale où il présentait un cierge « d'une livre de cire au *chief Mons-Set-Jehan-Baptiste*, pour réparation du péchié », disent dans toute leur naïveté les registres aux délibérations de la ville. L'échevi-

(1) *De l'administration de la Justice dans les campagnes*, s. d., in-8.

(2) Nous avons suivi l'ordre dans lequel se trouvaient classées, au commencement du XVIIIe siècle, les 32 provinces formant les 32 grands gouvernements de la France monarchique.

nage du 26 mai 1460 porte que « Jehan Jorlant, messier de la ville, marié depuis 38 ans, entretient une concubine et laisse sa propre femme, contre l'ordre du mariage, est condamné à donner un cierge d'une livre de cire aux Saintes-Claires, un à l'Hôtel-de-Ville et un aux Cordelliers; sa concubine sera bouttée et bannye hors la ville ». Le 21 octobre 1476, Colin de Ponthieu, vigneron, pris en adultère avec une femme publique, fut condamné à porter un cierge d'une livre à Saint Jean-Baptiste, un à Saint-Rémy sa paroisse, un à l'hôtel Dieu et un aux Saintes-Claires; deux sergents de nuit l'accompagnèrent dans ses diverses stations, et la femme avec laquelle il avait été trouvé fut bannie de la ville (1) ».

Le maître surpris dans le lit de sa servante devait faire le sacrifice de sa barbe. Au commencement du XVIe siècle cette pratique existait encore : le président de l'Election d'Amiens ayant été trouvé avec sa servante qui venait de se marier eut également la barbe coupée. La mère qui prostituait ses filles, mariées ou non, avait les cheveux brûlés au pilori. Quant aux femmes publiques si on les rencontrait avec des hommes mariés ou des gens d'église, on les « flétrissait au visage » avec un fer chaud d'une marque fort indécente. Comme à Paris, d'ailleurs, elles résidaient dans un quartier spécial en la rue des «Blanches-Mains, auprès du pont à fillettes (rue du Bordeau), ou les rues de derrière le Don, derrière le lieu de l'escorcherie et la rue des Poullies (2) ».

Le bourreau avait mission de les garder et percevait pour cela quatre deniers par semaine sur chaque fille de joie. Si elles osaient paraître hors des rues qui leur étaient assignées, elles étaient condamnées à une amende de cent « solz » (3).

(1) Dubois (A.). *Justice et Bourreaux à Amiens dans les XVe et XVIe siècles*. Amiens, s. d., in-8, pp. 9 et 16.

(2) Dubois (A.). *Justice et Bourreaux à Amiens dans les XVe et XVIe siècles*, ouv. cit., p. 18.

(3) Dusevel (H.). *De l'administration de la Justice criminelle et de la police à Amiens pendant le XVe siècle*. Amiens, 1839 in-8.

En *Normandie*, les capitulaires jusqu'au règne de Louis le Débonnaire punirent de mort l'adultère; mais les suivants laissèrent aux évêques le soin de punir les épouses infidèles Elles étaient ordinairement reléguées dans des monastères où elles subissaient toutes les rigeurs de la pénitence canonique et particulièrement le fouet (1).

Lorsque les Normands conquirent l'Angleterre, ils y trouvèrent des compositions si excessives que les coupables hors d'état de les payer étaient ordinairement condamnés à mort.

Le Parlement de Normandie, dans ses arrêts, paraît avoir suivi assez exactement la Novelle 134 de Justinien. Le 17 juin 1516 et le 30 avril 1555 la Cour de Rouen confirma, en effet, deux sentences rendues l'une au siège de Caudebec, l'autre au sénéchal de Dieppe. La première avait condamné un nommé Mouquet à être pendu pour avoir enlevé la femme de Jean Esnout et volé de nombreux vêtements à ce dernier. La femme Esnout eut la tête rasée, le haut de ses vêtements coupé jusqu'à la ceinture devant comme derrière et battue de verges jusqu'à effusion de sang en la prison de Caudebec en présence de son mari « s'il jugeait à propos d'y assister et de tels autres de ses parents qu'il voudrait appeler ». La seconde sentence condamna la Marion, femme Doublet, aux mêmes peines prescrites contre la femme Esnout. Son amant, un prêtre nommé Thibaust Jourdain s'en tira avec l'amende honorable, le bannissement et la confiscation (2).

La complicité de l'époux devait-être constaté par des faits tendant directement au crime; on considérait comme nulles de simples présomptions. Le mari pouvait, en effet, par prudence, indulgence ou religion tolérer longtemps les dérèglements de sa compagne; il avait même, d'après un arrêt du 5 avril 1669,

(1) *Traité Anglo-Normand*, t. I, p. 15.

(2) HOUARD. *Dictionnaire analytique, historique, étymologique, critique et interprétatif de la coutume de Normandie*, Rouen, 1780, 4 vol. in-4, t. I, p. 44.

la faculté de transiger avec elle « sans qu'on soit fondé à en induire qu'il est participant à son crime ». La transaction consistait plutôt « à jeter un voile sur les fautes de l'épouse que personne ne devait lever sans témérité ». Si le mari s'imposait silence, ses héritiers n'étaient pas fondés à contester les droits de la veuve après le décès de leur parent (arrêt du 8 mars 1678) (1).

Quoi qu'il en soit, le petit nombre d'arrêts rendus en Normandie en matière d'adultère fait l'éloge des mœurs des femmes de cette province.

En *Lorraine*, on punit longtemps de mort l'épouse infidèle; mais peu à peu la répression parut trop rigoureuse et dès le XIIIe siècle l'Eglise édicta les peines. Au Concile de Trêves où siégeait Roger, évêque de Toul, il avait été décidé que la femme subirait une pénitence publique : vêtue d'un costume de mendiant, elle devait porter une cruche sur ses épaules et tenir un bâton à la main. Au XIVe siècle, du temps de Charles II, une ordonnance prescrivit que « la femme qui quitterait son mari serait réputée *pute* et le mari autorisé à se porter contre elle et la dot à lui échue » (2) Par conséquent la dot devait échoir au mari que dans le cas où sa femme abandonnerait le domicile conjugal pour suivre un autre homme. Au XVIe siècle, la femme était fouettée en public. En 1572, un nommée Nicole Collot, de Mognéville, subit cette peine à *Saint-Mihiel* pour « avoir abusé du sacrement du mariage par adultère (3) ». En 1574, la femme d'un menuisier de Briey, fut en outre condamnée a être enfermée au couvent de Sainte-Claire, de Pont-à-Mousson; mais l'abbesse ayant refusé de se constituer sa geôlière, la coupable en fut quitte pour trois mois de détention, le

(1) HOUARD. *Dictionnaire analytique, historique, étymologique, critique et interprétatif de la coutume de Normandie.* Rouen, 1780, 4 vol. in-4, t, 1 p. 44.

(2) DUMONT. *Justice criminelle des duchés de Lorraine et de Bar, du Bassigny et des trois évêchés.* Nancy, 1848, 2 vol. gr. in-8, t. II, pp. 157.

(3) DUMONT. *Histoire de la ville de St-Mihiel.* Paris, 1860-1862, 4 vol. gr. in-8, t. III, p. 231.

duc à qui elle s'adressa ayant ordonné sa mise en liberté.

En 1519, à *Metz*, un mari trompé donna lieu à des scènes qui eurent quelque retentissement. Un anglais, le duc de Suffort, entretenait d'étroites relations avec la femme d'un orfèvre. Leur intimité ne devint bientôt un secret pour personne. Un tailleur qui favorisait leurs amours en leur prêtant sa maison attira sur lui la vindicte populaire. De son côté, le mari se fâcha. Pour avoir plus de liberté, l'épouse déserta son foyer. Le duc étant venu à passer devant la boutique de l'orfèvre, celui-ci se mit à l'invectiver de rude façon ; l'anglais, peu patient, faillit l'assommer. Battu et pas content, cela se conçoit, notre cocu ne sortit désormais « que le harnais sur le dos, prêt à batailler » et cherchant sa femme dans tous les coins de la cité. Après de vaines recherches, désespéré, l'orfèvre se rendit devant l'église, la hallebarbe sur l'épaule, et implora à haute voix aide et assistance de tous les maris. L'émeute prit de telles proportions que la justice dut intervenir et força l'insulaire à lâcher sa proie. La volage épouse fut confiée aux Treize de la Cité qui demandèrent au mari de donner sa parole qu'il n'exercerait pas sa vengeance. Il refusa et la femme resta provisoirement en la Chambre des Sept, nourrie aux frais de la ville. Pour s'éviter des ennuis, l'obstiné orfèvre gagna Thionville ; mais les magistrats embarrassés de sa femme la remirent à une de ses tantes qui ne put l'empêcher d'aller retrouver son amant. Craignant des représailles, le mari s'empressa de quitter Thionville pour se réfugier à Toul.

Dans cette dernière ville, on prenait plus au sérieux le crime d'adultère. Un autre orfèvre du nom de Gérard Granger, qui cette fois avait renversé les rôles, fut condamné en 1578 à faire amende honorable et à être banni pour dix ans. Les Toulois assimilaient les fiançailles au mariage. Ainsi, en cette même année 1578, un charretier, de Joncourt, ayant eu rapprochement sexuel avec une fille d'auberge fut déclaré coupable d'adultère « parce que cette fille était fiancée ». Toutefois, comme il était étranger et que la règle du *ratione loci* n'était pas observée à Toul, les juges se contentèrent de l'expulser (1).

En 1720, la femme d'un serrurier de *Nancy* fut condamnée à mort pour son libertinage et en 1727 une autre se vit enfermée à perpétuité dans un couvent. Le mari de la première l'arracha au supplice en la reprenant avec lui. A *Epinal*, les coupables ne couraient pas grand danger et n'en demeuraient pas moins honorés des charges de la cité, comme les nommés Claude Poirot et Jean Naxou, conseillers à l'hôtel de ville; Antoine Claude et Jean Clareuil, tabellions, qui conservèrent leurs fonctions quoique reconnus adultères.

Dans tout le duché de Lorraine, la peine de l'adultère s'étendait aux voisins des maris malheureux lesquels, victimes innocentes, étaient promenés sur un âne ou un bœuf, en butte aux lazzis populaires. En 1718, la cour de Nancy entreprit de faire cesser cet abus en édictant une peine de 500 livres d'amende; en 1755, elle la déclara applicable à toute la Lorraine (2).

En *Bretagne*, les peines différaient quelque peu des précédentes. En 658, le Concile de Nantes décida qu'une femme convaincue d'adultère serait séparée de son mari pendant sept ans et que le mari n'en pourrait épouser une pendant qu'elle vivrait. Si l'époux consentait à reprendre la coupable, il était obligé de faire pénitence avec elle. Le 23 avril 1431, le Concile de la province ecclésiastique de Tours, tenu au palais épiscopal de Nantes décida que les adultères connus publiquement seraient excommuniés (3).

En *Anjou*, à l'époque barbare, le mari pouvait mettre à mort la femme coupable ainsi que son complice. Cependant, les capitulaires de l'année 829 décidèrent que le mari qui tuait sa femme sans motif légitime serait soumis à la pénitence canonique. Au Moyen-Age, le mari pouvait répudier sa femme pour adul-

(1) DUMONT. *Justice criminelle des duchés de Lorraine et de Bar* etc., ouv. cit., t. II, pp. 160 et 161.

(2) DUMONT. *Histoire de Saint-Mihiel*, op. cit.

(3) DOM LOBINEAU (Gui-Alexis). *Histoire de Bretagne*, Paris, 1707, 2 vol. in-fol., pp. 26 et 586.

tère après jugement du tribunal ecclésiastique. Mais, d'après le droit canonique, le premier mariage subsistait toujours faisant obstacle à une nouvelle union. Dès lors l'époux innocent ne pouvait se remarier avant la mort du coupable. Ce qui n'empêcha pas le comte Foulques-Nerra, en 999, de faire brûler sa femme qui l'avait trahi. Au XIIe siècle, d'après une charte originale de l'an 1111, une nommée Gosberge fut plus heureuse et fut simplement répudiée par son mari (1). Quelque temps après, toujours au XIIe siècle, les coutumes d'Anjou et du Maine autorisèrent le mari qui voyait l'amant venir sous son toit pour folâtrer avec sa moitié à lui intimer l'ordre de ne plus revenir. Si après cet avertissement, il trouvait le même homme en conversation suspecte avec sa femme, il pouvait le tuer sans encourir de poursuites pourvu qu'il légitimât son meurtre (2). Au cours de cette période, un mari laissa cependant la vie à son rival après l'avoir mutilé et lui avoir crevé les yeux (3)

Dans la *Bourgogne*, et surtout à *Sens*, il existait une bizarre réparation publique. Le mari trompé ne pouvait, même dans un élan de colère irréfléchi, lever la main sur sa légitime. Si, par contre, celle-ci était trahie et que, dépitée, elle se laissât aller à frapper son volage époux, les habitants promenaient le battu par la ville, fiché sur un âne. Quand on ne pouvait trouver le mari, c'était son plus proche voisin qui subissait pour lui le désagrément de cette promenade. En 1272, à *Mâcon*, un prieur de ce bailliage ordonna « de courir et de fouetter par la ville un homme et une femme pris en commettant adultère (4). » Les habitants de *Peissey*, près Mâcon, qui se rendaient coupables de ce crime devaient courir nus dans la seigneurie; mais ils pouvaient se racheter en versant 60 sols et un denier sui-

(1) D'ESPINAY (G.). *Les Cartulaires Angevins*. Angers, 1684, in-8.

(2) BEAUTEMPS et BEAUPRÉ. *Coutumes et institutions de l'Anjou et du Maine antérieures au XVIe siècle*. Paris 1883, in-8.

(3) D'ESPINAY. *Les Cartulaires Angevins*, déj. cit,

(4) Archives nationales X1A 1,

vant l'article II de leurs privilèges, confirmés en 1362 par le roi Jean (1).

En *Auvergne*, à *Riom*, l'adultère commis par la femme en dehors de la maison du mari n'était pas puni par la loi (2).

Dans plusieurs villes et cantons du *Lyonnais*, la femme qui se livrait à un amant était assujettie à courir nue sur une place après une poule jusqu'à ce qu'elle l'eût attrapée pendant que son complice également nu ramassait, pour en faire une botte, plusieurs petits tas de foin disposés ça et là(3). Quelquefois l'amant complètement nu et sa maîtresse le corps recouvert de plumes étaient conduits par les rues sous les risées et les coups de la populace ameutée. Dans certaines contrées, la femme coupable était tenue, pour expier sa faute, de courir sur un pont, dépourvue de tout vêtement et de lâcher un pet au milieu de la foule moqueuse (4).

Dans le *Dauphiné*, à *Grenoble*, les coupables étaient simplement passibles d'une amende de 5 livres, qui se trouvait réduite à 30 sols à *Beaurepaire*. A *Vienne* l'amende était fixée à 25 livres pour les riches et 10 livres seulement pour les pauvres; ces derniers pouvaient opter pour le fouet. Par la suite, on réduisit l'amende à 5 sols. Cependant, on conserva l'usage qui permettait à quiconque ayant surpris les adultères de garder leur lit pour récompense et de devenir ainsi le possesseur du « champ du combat ». A *Moidiez*, paroisse située non loin de Vienne, les coupables versaient une amende de 60 sols à l'abbé de Saint-André résidant à Vienne. A *Bourgoing*, elle était de pareille somme; si le criminel refusait de la payer il devait courir nu. Dans la baronnie de *Maubec*, les coupables avaient le choix entre une indemnité de 60 sols à payer au seigneur ou à exhiber leur nudité. A *Chas-*

(1) FOURNEL. *Traité de l'Adultère*, op. cit.

(2) Chevalier AMORINI. *De l'Adultère chez tous les peuples*, vol. cit.

(3) Chevalier AMORINI. *De l'Adultère chez tous les peuples*, déj. cit.

(4) COLLIN DE PLANCY. *Dictionnaire féodal*, ouv. cit.

tenay, il n'y avait pas d'amende fixe. Le seigneur avait toute liberté pour en déterminer le montant; si les deux coupables ne s'exécutaient pas, ils étaient soumis à une fustigation publique (1).

Dans la *Guyenne*, à *Bordeaux*, les adultères devaient courir par la ville dans le costume d'Eve, attachés l'un à l'autre, les mains liées sur la poitrine. Les nourrices que l'on surprenait avec un homme encouraient la même peine; si, par hasard, elles se trouvaient enceintes, elles étaient bannies à perpétuité. Quant à l'homme marié surpris par un jurat ou un autre témoin en conversation coupable avec une femme étrangère, il devait courir la ville avec elle. Le 20 décembre 1289, entre autres, un homme subit cette peine (2). A *Bergerac*, en *Dordogne*, si les deux complices étaient mariés, ils avaient le choix ou de courir complètement nus à travers la ville ou de verser 100 sols « de monnaie courante » au seigneur. Quand l'un des coupables était célibataire, celui qui était marié faisait seul la pénitence (3). Les habitants de *Villefranche*, en *Périgord*, qui violaient les serments conjugaux étaient passibles d'une amende et recevaient le fouet en vertu d'une ordonnance de l'année 1357 (art, I) rendue par Charles fils aîné, lieutenant de Jean Ier (4). Un peu plus tard la coupable fut contrainte de traverser la ville en montrant ses charmes, mais on ne pouvait la frapper (5). A *Agen*, les adultères couraient la ville tout nus, attachés l'un à l'autre, les mains liées par une corde, et payaient cinq sous d'amende chacun; mais il fallait qu'ils soient pris en flagrant délit par le bailli et deux prud'hommes (6).

(1) Chorier (Nicolas). *Histoire générale du Dauphiné*, 2 vol. in-fol.

(2) Barckhausen (Henri). *Archives municipales de Bordeaux livre des coutumes*, art. 53 et 170. Bordeaux, 1890, in-4.

(3) Fournel. *Traité de l'Adultère*, op. cit., p. 302.

(4) Jousse. *Traité de la Justice criminelle*, ouv. cit., t. III.

(5) Chevalier Amorini. *De l'Adultère chez tous les peuples*, déj. cit.

(6) Barckhausen (Henri). *Archives municipales de Bordeaux livre des coutumes*, art. 19, ouv. cit.

Les juristes avaient pris la peine de bien stipuler que les coupables devaient « être pris l'un sur l'autre tous nuds dans un lit ou qu'ils aient les hauts de chausses avalés et non en autre manière. » S'ils parvenaient à fuir avant d'être découverts, ils étaient quittes (1). Le droit de correction exista pendant quelque temps à Agen; mais il ne tarda pas à disparaître. D'après les coutumes de *Monclar* et de *Monflanquin* de juin 1256 (art. 22) les coupables avaient le choix entre une amende de 100 sous ou la course à travers la ville. Les coutumes de *Saint-Maurin* du 22 décembre 1358 prescrivaient en leur article 22 que l'adultère serait puni de la promenade publique ou de 65 sous d'amende, pour le seigneur « le cap sol étant réservé aux consuls (2) ». A *Villeneuve d'Aveyron*, on avait également établi la course dans la ville; mais cette pénitence ne pouvait être rachetée. La coutume de *Saint-Sever*, dans les *Landes*, ordonnait que l'homme et la femme surpris en adultère fussent fustigés ensemble par la ville indépendamment d'une amende de 7 livres 8 sols 6 deniers tournois à verser au seigneur (3).

La coutume de *Béarn* rédigée en 1551 stipulait à l'article 16 que les adultères, hommes et femmes, devaient courir nus par la ville où ils avaient commis leur faute, poursuivis par l'exécuteur de la Haute-Justice. La coutume de *Bayonne* portait que celui qui commettait pour la première fois le crime d'adultère serait tenu de courir la ville sans fustigation, pour être ensuite banni temporairement de la juridiction (4). La récidive entraînait la fustigation publique et le bannissement perpétuel de la province. Toutefois, si ce crime se confondait avec celui d'inceste le même texte édictait à l'article 5 du titre 25 que le coupable serait fouetté aux carrefours de la ville et banni à perpétuité hors du royaume (5).

(1) FOURNEL. *Traité de l'adultère*, vol. cit.

(2) RÉBOUIS (Emile). *Les Coutumes de l'Agenais*. Paris, 1890, in-8.

(3) FOURNEL. *Traité de l'Adultère*. ouv. cit.

(4) FOURNEL. Idem.

(5) JOUSSE. *Traité de la Justice criminelle*, ouv. cit., t. III, p. 221

Dans le *Languedoc*, aux XIIIe, XIVe, XVe siècles, on obligeait la femme surprise en adultère à parcourir « nue, sans chemise, à l'heure de midi », la ville ou le village qu'elle avait scandalisé. Les hommes encouraient le même peine; cependant, dans plusieurs pays, les femmes intéressées au maintien de la loi et de la morale avaient la liberté de fouetter au passage les époux impudiques (1). Dans la région de *Toulouse*, *Narbonne* et autres grandes villes du Midi, on suivait un peu la coutume d'Agen avec cette différence que les coupables nus et liés ensemble étaient promenés publiquement et qu'ils pouvaient se racheter au moyen d'une amende de 60 ou 100 sols (2). Les privilèges accordés en 1291 à la ville de *Grenade* stipulaient à l'article XXII que « l'homme et la femme surpris en commerce adultérin auraient le choix ou de courir tout nuds dans l'étendue de la seigneurie ou de payer 100 sols toulousains au roi ou à l'athée ». Cette disposition exigeait cependant que les coupables soient surpris par des personnes dignes de foi (3). En 1350, Jean Ier, pour sauvegarder la pudeur, rendit une ordonnance aux termes de laquelle les coupables devaient lui verser une amende après avoir été fouettés tés (4). De 1281 à 1285 dans le fief de *Pradère*, les seigneurs ne percevaient qu'une dîme de 60 sous après que le juge eut été informé et que le fait eut été prouvé (5). Dans le comté de *Dunois*, ressortant du Parlement de Toulouse, la femme qui se trouvait enceinte des œuvres d'un autre homme que son mari était tenue d'aller dénoncer sa turpitude, sous peine d'une amende d'un écu (6). Celle-ci était exigible comme un droit féodal, en tous points semblable au

(1) COLLIN DE PLANCY, *Dictionnaire féodal*, op. cit., t. I.

(2) DU BOURG. *Etude sur les coutumes communales du Sud-Ouest de la France*. Paris, 1882, in-4.

(3) FOURNEL. *Traité de l'Adultère*, vol. cit.

(4) JOUSSE. *Traité de la Justice criminelle*, ouv. cit., t. III.

(5) CABIÉ (Edmond). *Chartes de coutumes inédites de la Guyenne Toulousaine*. Paris, 1884, in-8.

(6 SIMON D'OLIVE. *Questions notables de droit*. Toulouse, in-4°, livre I, p. 251.

droit des fillettes établi contre la jeune fille qui n'avait pu conserver sa vertu. Le fermier de la seigneurie pour recouvrer la somme se transportait, armé d'un balai, au domicile de la coupable quelques jours après l'accouchement. Il fallait que l'accouchée lui versât sa dette sans quoi le fermier lui appliquait de vigoureux coups de balai sur la partie charnue de son individu (1). Les coutumes du XIIIe siècle de *Montauban*, *Saint-Antonin*, *Moissac*, *l'Isle-Jourdain*, *Mondenard*, *Corbarieu* portaient que les coupables appartenaint corps et biens au seigneur, alors que celles de *Larroque*, *Condom*, *Gourdon* ordonnaient à la fois, comme punition, l'amende et la course en public sans vêtements. A *Millau*, on ne pouvait se soustraire à cette dernière peine. Les chartes d'*Albi*, *Cahors*, *Montcuq*, *Montricoux*, *Villebrumier*, *Auvilar*, *Preyssas*, *Aubiet* accordaient la faculté de choisir entre l'une ou l'autre (2). A *Castelnaudary*, on n'encourait qu'une amende de 5 sols prescrite par privilèges accordés par Charles V. Par contre, à *Monfaucon*, dans le *Velay*, des privilèges de 1396, sans égard pour la pudeur des femmes, exigeaient qu'elles courussent absolument nues (3). La même prescription était observée dans la coutume du lieu d'*Avenac* (4).

On voit combien étaient différentes entre elles les lois et les coutumes, on juge ce que ces « courses des battus » avaient d'ignominieux, de contraire aux bonnes mœurs. Ces spectacles indécents se convertirent en jeu parmi les populations des campagnes : l'adultère devint l'objet de plaisanteries grossières. Aussi ces dispositions tombèrent-elles peu à peu en désuétude et Louis XI les supprima successivement par diverses ordonnances notamment celles de Perpignan de 1463 et de Bourges de 1466.

Plus tard, les seigneurs auxquels ces coutumes

(1) D... de P... (Paul). *Dictionnaire de l'ancien régime et des abus féodaux*. Paris, 1819, in-8.

(2) Cabié (Edmond). *Coutumes de Lafox*. Agen, 1883, in-8,

(3) Fournel. *Traité de l'adultère*.

(4) Simon d'Olive. *Questions notables de droit*, op. cit.

étaient avantageuses tentèrent de les rétablir, mais ils n'y réussirent pas. Le seigneur d'Avonsac, entre autres, voulut contraindre les habitants de ce lieu qui méprisaient les liens conjugaux à courir nus par la ville ou à lui payer 50 sols d'amende. Les habitants refusèrent de se soumettre à cette pratique en faisant ressortir tout ce qu'elle avait de honteux et d'immoral. Le Parlement de Toulouse, devant lequel fut porté le différend, leur donna complètement raison et, par arrêt du 11 mars 1623, confirma son abolition (1).

(1) Simon d'Olive. *Questions notables de droit*, ouv. cit., liv. II.

CHAPITRE VII

L'ADULTÈRE A TRAVERS LES PEUPLES

LA « PEINE DU TUMBREL » EN ANGLETERRE. — LES LOIS DES ROIS EDMOND ET CANUT LE GRAND. — LA CASTRATION EN ESPAGNE. — AFFREUSE VENGEANCE D'UN SEIGNEUR DALMATE. — LA RÉPRESSION CHEZ LES GERMAINS ET LES SAXONS. — COUTUMES BARBARES DES SARMATES ET DES POLONAIS. — LES COMPLAISANTS SAMOYÈDES. — PÉNALITÉS ORIENTALES ET ASIATIQUES. — LA « COURONNE DE LAINE », LES « EAUX AMÈRES ». — AMANT ROTI, MAITRESSE ÉBOUILLANTÉE. — LA « LOI DE MANOU ». — FÉROCITÉ DES SIAMOIS, TONKINOIS, CHINOIS, MONGOLS. — LA « PROSTITUTION CHEVALINE ». — JUSTICES SOMMAIRES EN AFRIQUE, AMÉRIQUE, OCÉANIE. — LES « LARÉOÉES » DE L'ILE TAITI.

Nous ne considérerions pas notre ouvrage comme terminé, si nous ne faisions connaître les châtiments usités, en matière d'adultère, chez les différents peuples du globe. Les uns se montrèrent parfois cruels et barbares à l'égard des coupables, les autres ne leur infligèrent qu'une peine légère.

Si l'on jette un coup d'œil rétrospectif parmi les anciennes civilisations de l'Europe, on est frappé par la diversité des châtiments.

En *Angleterre*, le nombre des libertins est très grand. Les Anglaises se livrent assez facilemnet à l'amour et ne s'en cachent guère. Elles sont capables d'une grande résolution en faveur d'un amant. Elles préfèrent les hommes bruns aux blonds qui sont très communs. Les femmes anglaises de jadis souffraient des maîtresses à leurs maris et, même, faisaient commerce avec elles. Les preuves de l'adultère des femmes étaient difficiles à établir : il fallait que le mari pût prouver qu'il avait vu de « ses propres yeux », sans quoi on ne prenait pas sa plainte au sérieux (1).

(1) Gayot de Pitaval. *Causes célèbres et intéressantes*, ouv. cit., t. XVIII, pp. 450, 451.

Suivant les vieilles lois d'Angleterre, on coupait les cheveux à la femme adultère, puis on la traînait nue de ville en ville en la fouettant de verges jusqu'à ce que la mort s'ensuivît. Son séducteur était pendu à un arbre (1). Quelquefois aussi, on lui appliquait la *peine du Tumbrel* qui consistait à la promener sur une espèce de tombereau très élevé et à la plonger dans l'eau sur toutes les places publiques où elle passait. Son amant était également puni de mort. Les lois du roi Edmond punirent l'adultère comme l'homicide; mais le roi Canut le Grand ordonna d'envoyer en exil les hommes qui le commettraient et de couper le nez et les oreilles aux femmes qui s'en rendraient coupables (2). Plus tard, on confisqua le fief d'un vassal qui couchait avec la femme de son seigneur.

Une ancienne ordonnance prescrivait que celui qui souillerait la couche du roi d'Angleterre aurait à payer une verge d'or pur « de l'épaisseur du doigt d'un laboureur qui aurait labouré pendant neuf ans et assez longue pour que, partant de terre, elle touchât à la bouche du prince quand il était assis (3) ». Il y eut toutefois, des châtiments plus sévères. En effet, vers le début du XIVe siècle, René de Mortemer convaincu d'adultère avec Isabelle de France, reine d'Angleterre, fut par ordre d'Edouard II condamné à être traîné sur un bahut dans les rues de Londres, puis à être exposé sur une échelle au milieu de la principale place de la cité. On lui coupa ensuite les parties sexuelles qui furent jetées au feu. On l'écartela enfin et l'on envoya ses membres dans les quatre principales villes du Royaume-Uni. Sa tête resta à Londres (4).

En *Espagne*, on employa longtemps la castration pure et simple contre les coupables. Dans le royaume d'Aragon, on condamnait seulement à une amende la

(1) FOURNEL. *Traité de l'adultère*, vol. cit.

(2) GAYOT DE PITAVAL. *Causes célèbres et intéressantes*, ouv. cit., t. III, p. 284.

(3) Chevalier AMORINI. *De l'adultère chez tous les peuples*, liv. cit.

(4) BOUCHÉ. (A.-W.). *Etude sur l'adultère au point de vue pénal*, vol. cit.

femme et son complice (1). Dans la principauté de Catalogne, l'usage voulait que le mari qui s'était laissé déshonorer par sa femme versât au fisc une amende de quarante francs (2). Quelques siècles plus tard, dans toute la péninsule Ibérique, l'épouse coupable et son complice étaient, après jugement, mis à la disposition du mari qui avait le droit de les tuer pourvu qu'il les soumît au même châtiment (3).

Au Portugal également, le mari pouvait lui-même leur ôter la vie s'il les surprenait en flagrant délit.

Les *Lombards* mettaient à mort les coupables (4). Les *Autrichiens* employaient plutôt la flagellation. Pourtant un seigneur de Dalmatie ayant tué celui qui avait souillé son foyer contraignit sa femme à coucher plusieurs jours « avec son tronc mort, charogneux et puant » de telle sorte que la pauvre épouse fut suffoquée par l'odeur insupportable que dégageait le cadavre (5).

Les *Daces*, ancêtres des Roumains, condamnaient les adultères à passer le reste de leur vie sans aucun vêtement (6).

Les *Germains* entouraient le sexe féminin d'une grande considération, croyant que quelque chose de divin se trouvait incarné en lui. Aussi punissaient-ils d'autant plus sévèrement les femmes qu'ils surprenaient en adultère, qu'ils avaient pour elles un respect extrême. Ils commençaient par leur raser les cheveux; puis les dépouillaient de leurs vêtements en présence de leur famille et les conduisaient ainsi par

(1) GAYOT DE PITAVAL. *Causes célèbres et intéressantes*, ouv. cit., t. III, p. 285.

(2) FOURNEL. *Traité de l'adultère*, vol. cit.

(3) Chevalier AMORINI. *De l'adultère chez tous les peuples*, op. cit.

(4) JOUSSE. *Traité de la Justice criminelle*, ouv. cit., t. III, p. 213.

(5) BRANTOME. *Vies des dames galantes*, vol. cit., Discours I, p. 22.

(6) Chevalier AMORINI. *De l'adultère chez tous les peuples*, op. cit.

tout le bourg à coups de bâton. Il n'y avait ensuite pour la coupable ni pardon, ni excuse. Ni son âge, ni sa beauté ne lui permettaient plus de trouver un autre mari (1). Les anciens *Saxons* dressaient un bûcher et brûlaient vive la femme coupable. Lorsque son corps était consumé, ils élevaient un gibet sur les cendres encore fumantes et y pendaient son complice (2). Parfois, ils condamnaient l'épouse à être fouettée par les bourgs et les villages. Dans chaque lieu, les femmes exécutaient elles-mêmes la sentence pour venger l'injure faite à leur sexe (3). Quelques siècles plus tard, à *Lubeck*, les magistrats prononçaient le bannissement contre les adultères. Un citoyen de cette ville, marchand de beurre et de fromage, demeurant sur la place des Moulins, encoura cette peine « pour avoir longtemps depuis un commerce de libertinage » avec une fille de joie. Ce qu'il y a de plus curieux dans ce procès, c'est que la fille avoua aux sénateurs chargés de la justice criminelle que son amant « n'avait jamais été habile à consommer l'acte de la génération, sans être auparavant fustigé, et qu'après une première course, il lui était impossible d'aller plus loin si elle ne réitérait l'opération douloureuse et salutaire en doublant la dose (4) ».

Les *Lapons* considéraient, au contraire, l'adultère comme une chose parfaitement licite et honorable.

Les *Sarmates*, peuple de la Baltique qui se fondit avec les Slaves, plantaient un crochet sur la place du marché de la ville et y suspendaient l'amant par les parties sexuelles. Ils avaient soin de laisser près de

(1) Le Gendre (Louis). *Mœurs et coutumes des François dans les différents temps de la monarchie, précédés des mœurs des anciens Germains.* Paris, 1753, in-12.

(2) Fournel. *Traité de l'Adultère,* op. cit. — Chevalier Amorini. *De l'adultère chez tous les peuples,* vol. cit.

(3) Gayot de Pitaval. *Causes célèbres et intéressantes,* ouv. cit., t. III, p. 284.

(4) Meibomius (J.-H.). *De l'utilité de la flagellation dans la médecine et dans les plaisirs du mariage et des fonctions des lombes et des reins,* ouvrage singulier. Nouvelle édition traduite du latin, enrichie d'une introduction et de notes historiques. Paris, 1909, pet. in-16, pp. 56 et 57.

lui un rasoir ce qui le mettait dans la dure nécessité de se faire eunuque s'il ne voulait pas mourir dans son étrange situation (1). Le remède, il est vrai, était aussi mauvais que le mal.

Cette coutume barbare fut également mise en vigueur en *Pologne* avant l'ère chrétienne. Certains souverains de cet Etat instituèrent des châtiments plus ridicules les uns que les autres. Le roi Boleslas entre autres fit jeter aux bêtes féroces les enfants des femmes adultères et ordonna que ces dernières allaiteraient des chiens. Sous peine de la vie, elles ne pouvaient paraître en public sans avoir de ces animaux pendus à la mamelle (2).

En *Russie*, la peine a été généralement la réclusion. Cependant, le mari traduisait quelquefois, sa femme infidèle devant une assemblée de patriaches ou pères de famille qu'il convoquait. Cette assemblée écoutait les griefs de l'accusateur sans permettre à l'accusée de se défendre. La malheureuse ne pouvait en appeler à personne de la décision de ce tribunal d'exception. En 1872, une nommée Euphrosine M..., femme d'un paysan du gouvernement de Kherson, soupçonnée d'avoir gravement manqué à ses devoirs matrimoniaux, fut ainsi condamnée à courir le village dans un état complet de nudité, en plein jour, en présence de tous ses amis. La sentence fut exécutée par un froid glacial (3).

Les *Samoyèdes*, peuple de la Russie d'Asie, n'y regardaient pas de si près. Le refus par un voyageur de coucher avec la femme de son hôte était regardé comme un outrage. Lorsqu'une femme samoyède avait accordé ses faveurs à quelqu'un sans la permission de son mari et qu'elle se trouvait enceinte; elle se bornait le jour de l'accouchement d'en faire la déclara-

(1) GAYOT DE PITAVAL. *Causes célèbres et intéressantes*, ouv. cit., t. III, p. 285. — FOURNEL. *Traité de l'Adultère*, op. cit.

(2) Chevalier AMORINI. *De l'adultère chez tous les peuples*, op. cit.

(3) *Intermédiaire des Chercheurs et des Curieux*, année 1885 vol. XVIII, n° 406, col. 203.

tion, devant son mari, à la femme qui venait la délivrer. L'heureux rival s'en tirait en faisant quelques cadeaux au mari complaisant pour le dédommager des soins qu'il allait prendre de l'enfant. Dans la *Mingrélie*, au sud-ouest du Caucase, l'amant en était quitte pour un cochon ordinairement mangé entre l'offensé et les deux complices (1).

Les *Turcs* à une époque reculée adoptèrent les usages des *Huns*. Ils coupaient les adultères par le milieu du corps après leur avoir arraché les parties qui les avaient rendus coupables. Par la suite, ils enterraient à demi l'épouse coupable et la lapidaient. Son frère ou son plus proche parent avait mission d'exécuter l'arrêt (2). Dans l'ancienne Crète, à *Gortyne*, les adultères étaient couronnés de laine comme marque de leur mollesse. Après ce couronnement on les réduisait en servitude (3). Un chevalier albanais employa un moyen encore plus inhumain. Ayant eut connaissance de son infortune, il tua tout d'abord celui qui avait contribué à orner son front Puis, pour punir sa femme, il choisit une douzaine de bons compagnons « et forts ribauts » qui avaient la réputation d'être bien râblés, « grandement proportionnés par leur membre », fort ardents et chauds à l'exécution. Il leur donna une certaine somme et les enferma dans la chambre de son épouse qui était fort belle. Il la leur abandonna avec promesse d'une « double paye » s'ils s'acquittaient bien de leur devoir. Ils en jouirent à tour de rôle et « la menèrent de telle façon qu'ils la rendirent morte » au grand contentement du mari. Celui-ci, quand elle fut sur le point de rendre l'âme, lui reprocha sa conduite en ajoutant « que puisqu'elle avait tant aimé cette douce liqueur qu'il fallait qu'elle s'en soulât » (4). »

(1) Chevalier AMORINI. *De l'Adultère chez tous les peuples.*

(2) SAINT-EDME (B.). *Dictionnaire de la pénalité dans toutes les parties du monde connu.* Paris, 1824-1828, 5 vol. in-8, t. I, p. 115.

(3) SIMON D'OLIVE. *Questions notables de droit,* op. cit.

(4) BRANTOME. *Vies des dames galantes,* vol. cit., Discours I, p. 22.

Dans la ville de *Diarbékir*, en Turquie d'Asie, le mari et les proches parents exécutaient autrefois l'épouse coupable dans sa propre maison. Toute la famille devait participer à cette triste cérémonie. Chacun était obligé, en entrant dans la demeure, de donner un coup de poignard à la malheureuse et de rester auprès d'elle jusqu'à ce qu'elle eut rendu le dernier soupir (1).

En Asie, les *Hébreux* avaient institué des lois très sévères pour la pudeur féminine, puisqu'elles prescrivaient que toute femme qui, par mégarde ou volontairement, touchait le sexe d'un homme aurait la main coupée. Aussi regardaient-ils l'adultère comme le plus grand péché qu'ils pussent connaître. Si une épouse en était convaincue, le mari et le peuple la lapidaient devant la porte de son frère (2). L'amant subissait la même peine qui s'appliquait également aux fiancées et à leurs complices. Si le mari avait seulement des soupçons sans pouvoir établir de faits précis, il recourait à l'épreuve des *eaux amères* ou *sacrifice de jalousie*. Pour cela, il fallait qu'il eut enjoint à son épouse, devant deux témoins, de n'avoir aucun rapport avec un homme qu'il nommait. Si elle restait ensuite seule avec lui, ne fut-ce que l'espace d'une seconde, elle devait se soumettre à l'épreuve. Le mari la conduisait alors devant le grand-prêtre et présentait en offrande la dixième partie d'une mesure de farine d'orge. Puis, ayant pris de l'eau bénite dans une coupe, il y ajoutait un peu de la poussière du tabernacle. La femme se tenant debout devant le Seigneur, le grand-prêtre lui découvrait la tête et lui remettait le breuvage. Lui-même, prenant dans ses mains les eaux très amères, prononçait des malédictions et ordonnait à la coupable présumée de boire le liquide consacré. Si elle s'était vraiment souillée et avait couché avec un autre homme, sa cuisse pourrissait, son ventre enflait et crevait.

(1) Chevalier Amorini. *De l'adultère chez tous les peuples.*

(2) Declareuil (J.). *La Justice dans les coutumes primitives.* Paris, 1889, in-8

Par contre, elle ne ressentait aucun mal et demeurait féconde si elle était innocente (1). Par la suite, le mari qui surprenait sa femme en flagrant délit ou qui avait simplement des présomptions contre elle, eut la faculté de la répudier. Mais cette femme ainsi divorcée, eut la liberté de se remarier avec qui il lui plaisait excepté avec celui qui avait donné lieu à la répudiation (2).

Dans le royaume de *Juda*, on assommait avec une massue les personnes de condition égale qui entretenait un commerce adultérin (3). Mais pour punir ce crime commis avec une femme du roi, il avait été institué un moyen de répression qui fait frémir. Les officiers du roi faisaient creuser, côte à côte, deux fosses longues de six ou sept pieds, larges de quatre pieds et profondes de cinq. Au milieu de l'une, on enfonçait un pieu auquel on attachait la femme, les bras liés derrière le dos. On lui passait aussi des cordes aux pieds et aux genoux. Au fond de l'autre fosse, les femmes du roi disposaient un tas de fagots et plantaient une petite fourche de bois à chaque extrémité. L'amant était alors lié fortement sur une barre de fer que l'on plaçait entre les bras de chaque fourche afin de former une broche. Des soldats mettaient ensuite le feu aux fagots et l'amant rôtissait ainsi lentement. Pour atténuer la cruauté d'un tel supplice, on prenait soin de tourner la figure du condamné du côté de la fosse de sorte que la fumée l'asphyxiait avant qu'il ait ressenti l'ardeur du brasier. Lorsqu'il était bien cuit, on déliait le cadavre pour le laisser tomber dans la fosse.

Les femmes du roi au nombre d'un cinquantaine environ, aussi richement vêtues qu'aux grands jours de fêtes, sortaient alors du palais, au son des flûtes et des tambourins, escortées par les gardes du monarque. Toutes portaient sur leur tête un grand pot

(1) *Les Nombres.* chap. VI. Voir également notre ouvrage *Tortures et Supplices à travers les âges*, p. 120, 2e mille, 4 frs (H. Daragon, édit.)

(2) Gayot de Pitaval. *Causes célèbres et intéressantes*, ouv. cit., t. XX, p. 291.

(3) Chevalier Amorini. *De l'adultère chez tous les peuples.*

d'eau bouillante qu'elles allaient répandre l'une après l'autre, sur la tête de leur malheureuse compagne. Lorsque celle-ci avait expiré dans d'horribles souffrances, on la déliait du pieu pour la jeter sur le corps de son amant. On remplissait ensuite la fosse de pierres et de terre (1).

Dans l'*Hindoustan*, la législation antique considérait l'adultère comme un crime contre la Religion, la Société, la Famille. La loi de *Manou* dans son livre 7 disait : « « Si une femme fière de sa famille et de ses qualités est infidèle à son époux, que le roi la fasse dévorer par des chiens dans une place fréquentée; qu'il condamne l'adultère à être brûlé dans un lit de fer chauffé au rouge et que les exécuteurs alimentent sans cesse le feu, jusqu'à ce que le pervers soit brûlé ». Une autre disposition mentionnait : « Si le mari est trompé par sa femme, il peut la brûler ou la crucifier ». Les enfants issus de relations adultérines étaient soumis au mépris de l'esclavage le plus abject, déclarés impurs au toucher. On s'en écartait comme des monstres. Chez les brahmines de la côte de *Coromandel*, on enfermait l'épouse adultère dans une étroite prison. Si le mari consentait à la reprendre, il faisait préparer un festin où la femme servait elle-même tous les convives. Dès qu'elle présentait le premier mets, le crime se trouvait effacé et le mari n'éprouvait plus aucune honte à vivre désormais avec elle (2). Les Hindous des bords du Gange fendaient en deux, d'un coup de sabre, la femme infidèle (3). Chez les peuplades guerrières et indomptées du nord de l'Hindoustan, les *Marhattes*, les *Seicks*, les *Rajpouts*, le mari trompé battait rudement sa femme ou lui emportait le nez en la mordant violemment.

Aux îles *Maldives*, on applique le fouet avec tant de rudesse que ce châtiment est presque toujours mor-

(1) SAINT-EDME (B.). *Dictionnaire de la pénalité* etc., ouv. cit., t. I, p. 116.

(2) Chevalier AMORINI. *De l'adultère chez tous les peuples.*

(3) SAINT-EDME (B.). *Dictionnaire de la pénalité* etc , ouv. cit., t. I, p. 109.

tel (1). Par contre, les *Changulais*, qui forment les principaux habitants de l'île de Ceylan, ne s'offensent nullement de ce que leurs épouses cohabitent avec leurs amis ou partagent leur couche avec les étrangers (2). Dans l'île de *Ténédos*, les deux coupables étaient frappés de la hache (3).

L'adultère était jadis presque inconnu dans le royaume de *Siam*. Cependant, le mari certain de son déshonneur avait le droit de tuer la coupable ou de la vendre. La Loubère a rapporté que les femmes du roi trouvaient quelquefois le secret d'avoir des amants. Si leur faute était découverte, le monarque les abandonnait à un cheval dressé à l'amour des femmes. Il leur faisait ensuite donner la mort. Un jour on en sacrifia une aux tigres. Les animaux ayant épargné la malheureuse, le prince voulut la gracier, mais elle refusa la vie avec tant d'indignation et d'injures que la croyant « enragée » il ordonna qu'elle mourut. Les bêtes féroces furent excitées et la dévorèrent en sa présence (4).

Au *Tonkin* et en *Chine*, l'homme de qualité qui surprenait son épouse dans une situation ne lui permettant pas de douter de son infortune, avait le droit de la tuer ainsi que son complice. S'il remettait à la justic le soin de le venger, les juges conduisaient l'épouse vers un éléphant qui l'enlevait avec sa trompe et la laissait tomber à terre. L'animal la foulait alors aux pieds jusqu'à ce qu'elle ne donnât plus signe de vie. Si l'on en croit La Loubère, on prostituait aussi la femme à un cheval habitué à cet exercice et on l'égorgeait ensuite (5).

Les *Mongols*, comme les *Hindous*, partageaient la

(1) Saint-Edme (B,). *Dictionnaire de la pénalité* etc., ouv. cit., t. I., p. 114.

(2) Chevalier Amorini. *De l'adultère chez tous les peuples.*

(3) Bouché (A.-W.). *Etude sur l'adultère au point de vue pénal*, vol. cit.

(4) Saint-Edme (B.). *Dictionnaire de la pénalité* etc., déj. cit., t. I, p. 109.

(5) Saint-Edme. *Dictionnaire de la pénalité* etc., ouv. cit., t. I., p 108.

coupable en deux et le mari avait le droit de se faire justice lui-même.

Dans quelques parties de la *Corée*, le mari pouvait tuer sa femme s'il la trouvait avec un amant; mais il devait fournir la preuve du crime dont il avait été témoin. Un homme libre surpris avec une femme mariée était soumis à la bastonnade, puis exposé dans tous les carrefours le visage barbouillé de chaux, chaque oreille percée d'une flèche avec une sonnette sur le dos qu'il devait continuellement faire retentir (1).

Au *Japon*, les épouses coupables devaient se rendre en pèlerinage au temple de Tsoushima et porter, superposées sur leur tête, autant de marmites qu'elles avaient de fois trompé leur époux. Aux îles *Kouriles*, le mari et l'amant devaient se battre en duel lequel consistait en trois coups de bâton administrés successivement par chaque champion sur le dos de son adversaire jusqu'à ce que l'un d'eux restât sur le carreau. Si le coupable refusait de se battre il devait payer une forte amende consistant en denrées de toutes espèces; mais il était déshonoré.

En Afrique, les *Arabes* et les *Bédouins* enfermaient les deux coupables dans un sac et les précipitaient à la mer. Aujourd'hui, les maris offensés se servent du poignard. Les mœurs des femmes indigènes sont des plus faciles. Très coquettes, très rusées, elles s'adonnent avec passion aux amours violentes et hardies : elles ont des amants pour le plaisir de tromper leur époux, de courir un risque. Un châle de soie ou un anneau d'argent constitue le plus souvent le prix de leurs faveurs. Avant l'occupation française, les *Kabyles* punissaient l'adultère par la lapidation et les parents de la femme en étaient souvent les exécuteurs. Les enfants bâtards étaient mis à mort. Le divorce est maintenant très usité parmi les tribus (2).

En *Egypte* dans les coutumes primitives, la femme n'était pas punie. On s'en prenait au complice auquel

(1) Chevalier Amorini. *De l'adultère chez tous les peuples*, déj. cit.

(2) Vignola (A.). *L'Humanité Féminine. Femmes d'Afrique.* IIe série, p. 29, ouv. cit. (chez H. Daragon).

on arrachait tout d'abord le nez et les oreilles; puis on lui enlevait l'organe essentiel à la génération après lui avoir appliqué de nombreux coups de bâton (1). Plus tard, il ne reçut que mille coups de fouet, mais on fustigea l'épouse et on lui coupa le nez (2) afin de détruire en elle la beauté dont elle avait abusé. Les *Coptes*, suivant l'exemple des Arabes et des Bédouins, noyaient les deux coupables ligottés dans un sac. Le grand-prêtre devait s'acquitter de cette pénible besogne; à son défaut, elle revenait à l'époux ou au père.

Chez les *Hanies*, tribu bedja du sud-ouest de la Nubie, il n'existe aucune peine pour réprimer l'adultère. La femme mariée est libre, en effet, de disposer de sa personne, au gré de ses caprices, le troisième jour de chaque semaine.

En *Abyssinie*, la vie de la coupable est à la discrétion du mari. Au *Soudan oriental*, l'adultère règne en maître. Les femmes du Baghirmi sont les plus belles de cette région et la fidélité conjugale ne constitue pas leur plus grande vertu. Le mari trompé répudie la volage sans aucune formalité de sorte que les divorses sont très fréquents. Les femmes du Darfour et de l'Ouadaï témoignent d'une grande dépravation et ne « considèrent le mariage que comme une émancipation leur permettant de se livrer aux plus honteuses débauches. » Ni les mutilations dégradantes, ni les pénalités très sévères édictées contre l'adultère et consistant en tortures diverses n'ont pu enrayer les passions violentes qui brûlent dans leur sang (3).

Dans l'ancien royaume d'*Ardra*, la femme mariée qui livrait son corps à un esclave, devenait l'esclave du maître de son amant lorsque la condition du maître était supérieure à celle du mari; mais si le contraire se produisait, le complice devenait l'esclave de l'époux (4)

Les nègres du *Sénégal* et de la *Gambie* vendent les

(1) Chevalier AMORINI. *De l'adultère chez tous les peuples.*

(2) GAYOT DE PITAVAL. *Causes célèbres et intéressantes*, déj. cit. t. III, p. 282.

(3) VIGNOLA (A.). *L'Humanité Féminine. Femmes d'Afrique*, VIe série, p. 90; *Négresses* IIe série, pp. 24, 25.

(4) Chevalier AMORINI. *De l'adultère chez tous les peuples.*

deux coupables aux Européens sans espoir de rachat. Parfois, en cas de flagrant délit, le mari poignarde l'amant et répudie sa femme. Toutefois, si elle est enceinte, il doit attendre sa délivrance (1).

Les *Quojas*, peuple de l'intérieur de la *Guinée*, observaient une coutume fort curieuse. L'infidèle, surprise par son conjoint sans l'assistance de témoins et dénoncée par lui au chef du village, pouvait jurer qu'elle était innocente. Si quelques habitants découvraient son faux serment, on lui couvrait les yeux d'un bandeau en lui annonçant qu'elle allait être la proie des « Jannanins » ou Esprits. On faisait alors un vacarme épouvantable. Quand on la jugeait suffisamment effrayée, on lui disait que, malgré la gravité de son crime, on lui pardonnait pour la première fois. Elle ne subissait que quelques mortifications en promettant de mieux respecter à l'avenir l'honneur conjugal. En cas de récidive, on la conduisait en grande pompe dans un bois réservé aux Jannanins où on la tuait et l'enterrait en secret en laissant croire au peuple que les esprits l'avait emportée (2).

Dans le royaume d'*Assinie*, le mari pouvait immoler la femme qui l'avait trahi ainsi que son séducteur, s'il n'avait pas d'or pour se racheter (3).

Les *Achantis* répriment sévèrement l'adultère en raison de leur extrême jalousie. C'est un crime de vanter la beauté d'une femme en possession d'époux. Les chefs ou « cabacères » ont le droit de décapiter leurs épouses infidèles. Il y a quelques siècles, toute intrigue avec une esclave royale entraînait « l'émasculation ». Cette peine rejaillissait sur la femme du coupable. Elle ne pouvait plus avoir de rapports avec aucun homme car tout adultère avec la compagne d'un « émasculé » était passible de mort. Chez les *Mandingues*, les épouses infidèles était bat-

(1) Saint-Edme. *Dictionnaire de la pénalité* etc., ouv. cit., t. I, p. 114.

(2) Chevalier Amorini. *De l'adultère chez tous les peuples.*

(3) Saint-Edme. *Dictionnaire de la pénalité,* déj. cit., t. I, p. 114.

tues par les « Mombo-Djombo », justiciers de village qui exerçaient leur terrible magistrature recouverts d'un déguisement grotesque. Les *Malinkès* et les *Bambarras* sont gens heureux en ménage grâce à la circoncision qu'ils pratiquent sur les jeunes filles. Cette cruelle opération, qui fournit l'occasion d'une grande fête, a, paraît-il, pour résultat de rendre les femmes fidèles (1).

Dans le royaume de *Bénin*, on liait les coupables à un arbre, les laissant ainsi en pâture aux bêtes féroces. Robert Bruce a rapporté qu'un nègre,ayant soupçonné d'infidélité sa femme qui se trouvait grosse, prit l'enfant qu'elle mit au monde, l'écrasa dans un mortier et le jeta aux chiens (2).

Les *M'Pongoués*, Gabonais proprement dits, sont plus philosophes et ne se choquent nullement de ressembler à des cerfs. Les femmes, grandes, bien proportionnées, sont sujettes aux passions brutales, violentes. Aussi leurs maris savent-ils tirer profit de leur goût immodéré pour la débauche. Un soupirant se présente-t-il ? L'épouse n'a pas le droit de repousser ses hommages : son époux aurait tôt fait de la ramener à de meilleurs sentiments à l'aide d'un fouet en peau d'hippopotame ou de lamentin appelé « cassingo ». D'ailleurs, en accomplissant certaines formalités et en versant une indemnité raisonnable à Monsieur, il est toujours possible de devenir le « conguié » ou amant légal de Madame (3).

Au *Congo*, l'amant de l'épouse doit, comme réparation, faire don d'un esclave au mari.

Les *Hottentots*, race abjecte qui tend à disparaître, mettent à mort les coupables (4). Les *Cafres* ou

(1) VIGNOLA (A.). *L'Humanité Féminine, Femmes d'Afrique, Dahoméennes et Congolaises*, 1re série, p. 13, 6, 7.

(2) SAINT-EDME. *Dictionnaire de la pénalité*, ouv. cit., t. IV, p. 460.

(3) VIGNOLA (A.). *L'Humanité Féminine. Femmes d'Afrique, Négresses du centre africain*, IIe série, pp. 31 et 32.

(4) SAINT-EDME (B.). *Dictionnaire de la pénalité*, déj. cit., t. I, p. 114.

Ba-Ntous, robustes et belliqueux, obligent le complice à faire cadeau de quelques vaches à l'époux.

Dans l'île de *Madagascar*, le mari considérait la séduction de sa femme comme un simple vol et une amende payée par l'amant lui paraissait suffisante.

Si nous parcourons l'AMÉRIQUE DU NORD, nous verrons que les *Sioux*, près de la baie de l'Hudson, coupaient à l'épouse coupable une rondelle de peau sur la partie de la tête qu'il leur convenait de choisir. Leurs voisins, les *Kuistémaux* autorisaient, par contre, leurs épouses à partager leur couche avec leurs amis et les étrangers,

Dans l'Etat de *New-York*, on recourait le plus souvent à la bastonnade. Un mari ayant eu, certain jour, les preuves réitérées de son infortune, se rendit à la Bourse armé d'une canne et infligea une maîtresse correction au galant en présence d'une foule de spectateurs. Comme il était défendu de se faire justice, l'amant porta son cas devant les tribunaux. Son agresseur ne fut condamné qu'à six sous de dommages-intérêts (1).

Les habitants de l'Etat de *Missouri* coupaient à la fois le nez et les oreilles des épouses libertines. Les *Crecks*, résidant dans la partie méridionale de la *Louisiane*, punissaient l'infidèle de la perte de ses cheveux, ce qui était regardé comme une grande marque d'infamie. Les *Allibabons*, qui peuplaient également l'ancienne province française, y mettaient plus de formes. Lorsqu'un époux tenait les preuves de son déshonneur, il portait plainte secrètement devant le chef du village. Celui-ci, après enquête auprès des parents, ordonnait une danse publique, à laquelle, sous peine d'amende, devaient assister toutes les femmes de l'endroit. L'épouse coupable ignorant que ces préparatifs la concernaient ne manquait pas de s'y rendre. Quand la danse battait son plein, le magistrat désignait sur un signe celle qui s'était

(1) NOUGARET (J.-B.). *Aventures parisiennes avant et depuis la Révolution,* déj. cit.

livrée aux fantaisies d'un amant. Chacun s'armait alors d'une baguette et la frappait à coups redoublés tant sur le ventre que sur le dos. L'exécution ne cessait qu'au moment où un parent de chacun des conjoints étendait un bâton entre la flagellée et les flagellants. Le magistrat faisait ensuite connaître le complice qui était à son tour passé par les baguettes. Si une femme débauchait un homme marié, les matrones se chargeaient de la punir. Armées de balais, elles allaient la trouver et la battaient jusqu'à ce qu'on vint arrêter leur fureur. (1)

Jadis, au *Mexique*, dans le canton de *Gilaxlotillans*, le mari conduisait chez le juge sa femme soupçonnée d'adultère. Si la preuve du crime était faite, le juge ordonnait de couper immédiatement la coupable en morceaux que les témoins de l'exécution devaient manger. Les *Ysipaques* n'infligeaient que l'ablation des deux oreilles aux deux complices. Dans d'autres régions du Mexique, on les lapidait.

Cette répression rigoureuse s'atténua quelque peu avec les années. Cependant, au XVIIIe siècle, pour mettre une frein à l'infidélité conjugale, les législateurs des *Etats-Unis* décidèrent que « tout citoyen qui sera convaincu de ce crime sera marqué sur le front avec une fer chaud portant la lettre A et sera ceint d'une corde par dessus ses vêtements (2). » Il y a lieu de remarquer que la loi ne contenait aucune disposition contre les femmes et qu'elle était seulement dirigée contre leurs corrupteurs.

Dans l'Amérique centrale, au *Nicaragua*, on s'en prenait au mari et aux parents de la femme adultère qui se trouvaient entachés de déshonneur. Les citoyens de la République de *Panama*, au contraire, trouvaient tout naturel d'autoriser leurs femmes à cohabiter avec leurs amis ou à recevoir dans leur lit les voyageurs.

Dans l'Amérique du Sud, les sauvages de *Terre-*

(1) Chevalier Amorini. *De l'adultère chez tous les peuples*, ouv. cit.

(2) *La Chronique scandaleuse* ouv. cit., t. III, p. 194.

Ferme, aujourd'hui la Colombie, brûlaient vifs les coupables. Les *Brésiliens* les assommaient à l'aide d'une massue. Les *Péruviens*, peu avant l'expédition de Francisco Pizarro vers 1530, condamnaient non seulement au feu les auteurs de ce crime charnel, mais mettaient à mort leurs père, mère, enfants et frères. On détruisait jusqu'à leur maison avec les arbres qui l'entouraient et les bestiaux qu'elle contenait. Aucune trace de cette famille impure ne devait subsister désormais. Chez les *Miamis*, sauvages de l'extrême sud, le mari outragé coupait le nez à sa femme. Chez les *Nadonessis*, il lui enlevait lui-même avec ses dents une partie du nez ce qui équivalait à un divorce légalement prononcé (1).

En Océanie, chez les *Battas* de l'île de *Sumatra*, le mari outragé, ainsi que ses parents désireux de participer à sa vengeance, mangeaient vivant l'amant de l'épouse. Les naturels, cruels et perfides, de l'île de *Bornéo* punissaient de mort les deux complices (2). Les *Moluquais* et les *Papouas* ne leur infligeaient qu'une amende. Les habitants des *Iles Sandwich* leur crevaient et leur arrachaient les yeux(3) Chez les insulaires des *Iles Mariannes* ou *Iles des Larrons*, le mari avait le droit de tuer l'amant, mais il ne pouvait maltraiter sa femme; il ne pouvait que l'abandonner. Si l'époux commettait l'adultère, sa compagne en informait toutes les femmes du village. Celles-ci se donnaient rendez-vous et allaient la lance à la main et le chapeau de leur conjoint sur la tête, désoler l'habitation du coupable pour le forcer à la quitter. A l'île *Taïti*, le plus grande de l'*archipel de la Société*, l'adultère était autorisé. Il existait, en effet, des sociétés composées d'hommes et de femmes connues sous le nom de « Laréoées » qui se réunissaient et mettaient en commun époux et épouses (4).

(1) Chevalier Amorini. *L'adultère chez tous les peuples*, op. cit.

(2) Saint-Edme (B.). *Dictionnaire de la pénalité*, ouv. cit., t. II, p. 110.

(3) Saint-Edme (B.). Idem, t. I, p. 115.

(4) Chevalier Amorini. *De l'adultère chez tous les peuples*.

Après avoir ainsi parcouru les cinq parties du monde fouillé les mœurs de leurs habitants, assisté à leurs adultères et à leurs multiples vengeances, ce n'est pas sans un soupir de soulagement que nous posons la plume.

FIN

TABLE DES MATIÈRES

CHAPITRE IV

LE COCUAGE A LA COUR ET A LA VILLE

CHAPITRE V

PEINES PUBLIQUES. — PEINES PRIVÉES

CHAPITRE VI

VIEILLES PROVINCES, VIEILLES COUTUMES

CHAPITRE VII

L'ADULTÈRE A TRAVERS LES PEUPLES